0歳～6歳 子どもの感情コントロールと保育の本

湯汲英史●著

Gakken

はじめに

気になる子どもたち

　現在は、発達障害の情報が広がりすぎて、少し変わった子を発達障害と決めつけてしまう風潮があります。「過剰診断問題」として、専門家から憂慮の声も聞かれています。子どもは未熟な存在です。成熟に向かう、発達途上にあります。

　育つなかで、たくさんの失敗や、行きすぎた言動をしてしまいます。ただ、このような失敗や行きすぎた言動を通して、適応的な振る舞い方を学習していきます。子どもは過ちを犯すことによって、学習していきます。

　ただ、子どものなかにははっきりとした発達障害があるわけではないのに、集団での保育にうまく乗れない子がいるのは確かです。「気になる子」といわれる子どもたちです。

　気になる子たちですが、よく見てみると幾つかのタイプに分けられます。【第1章】では、気になる子どもを4つの原因（「社会性の問題」「理解の問題」「感情コントロールの問題」「養育環境の問題」）に分け、対応法を紹介します。

不機嫌な子どもたち

　保育園に週に一度、巡回相談にうかがっています。主には、発達障害のある子の発達の評価と、保育に関するアドバイスを行っています。35年ほどやっているのですが、ここ数年、気になっていることがあります。それは、不機嫌な子が目立つようになっていることです。

　例えば園に来て、日によってスムーズにお支度ができません。行動にムラがあり、気持ちが安定していません。ある女の子は、保育者の言うことを聞いて楽しそうにしていると思っていたら急にすねて、不機嫌になります。マイナスの気持ちが強まると、保育者の話が耳に入らなくなります。

　午前中はおおむねグズグズし、集団行動がなかなか取れない子もいます。無理に誘うと、泣いたり騒いだりします。ある男の子は、気に入らないことがあると手や足が出ます。気に入らないことといってもささいなことです。同じようなことがあっても、乱暴しない時もあります。対応が安定しません。

この不機嫌な子たちですが、知的障害や発達障害はありません。なかには優秀な子どももいます。こういう子たちが、一つのクラスに1人ではなく、2〜3人いる園もあります。

　「不機嫌」の問題は、子どもの感情が明るさを失っていることです。明るい気持ちとは、外の世界に心が開かれている状態ともいえます。外の世界に心が開かれているから、子どもは何事にも好奇心を向けていきます。物事に積極的に関わることで、子どもは成熟に必要なことを学んでいくでしょう。

　不機嫌さは、子ども同士の関係を悪化させる理由にもなります。不機嫌さが、子どもの社会性の発達に悪影響を及ぼす可能性があります。

　【第2章】では、不機嫌さも含めて、子どもの感情世界とは何かを、また、その役割も考えていきます。子どものことばも引用しながら、子どもの感情世界を探っていきます。感情に振り回されていれば、日々の生活は不安定になります。心穏やかに過ごせません。怒りや悲しみなども含めて、人にとって感情のコントロールは一生の課題でもあります。

　【第3章】では、子どもの気持ちを切りかえることばを紹介します。「気持ちの切りかえを促すことば25」ですが、具体的なことばかけの仕方をお伝えします。

　子どもの気持ちに寄り添う、ということばをよく耳にします。しかし、人の気持ちほどわかりにくいものはありません。そのうえに、移ろいやすくもあります。

　この本の目的は、子どもの感情世界を紹介しながら、子どもの気持ちのありようを考えることです。あわせて、子どもの気持ちの背景にある理由を理解することで、対応法を見つけることができます。子どもがその対応法を自分で学べば、怒りのコントロールも含めて、感情への抑制力を身につけていくことでしょう。それは、一生の課題を解決する第一歩につながるかもしれません。

湯汲英史
（ゆくみえいし）

もくじ

第1章 気になる子ども
4つの原因と対応法

第3章 気持ちの切りかえを促すことば 25

第1章

気になる子ども

４つの原因と対応法

「気になる」子どもとは

　「気になる」ということばは、主観的なものです。ある人は、ある子がものすごく気になっていても、ある人は全然気にならなかったりします。

　ある市のことですが、3歳児健診で発達障害のある子の「見過ごし」をなくすために、独自のチェックリストを作り、子どもを評価しました。その結果、8割を超える子どもが「発達障害あり」または「要観察」となりました。このことが議会でも問題になったそうです。

　この評価結果ですが、あまりにも網の目を細かくしすぎたために起こりました。「見すごし」をゼロにするという思いが、評価内容を細かくし、子どもの多様な発達を認めない結果となりました。

　筆者が関わっていた市でも、似たようなことが起こりました。健診で半数近くの子どもが、「要検査」となりました。それで筆者が「要検査」となった子と保護者に会い、子どもの様子について聞き取り調査などを行いました。その場に、子どもの祖母が同席しました。筆者は子どもの様子と簡単な会話から、「発達障害なし」と考えました。祖母も、「どうして孫に障害の疑いがあるのか」と問いつめてきました。

　この市の評価項目は、社会性の発達を重視した内容になっていました。結果的に、社会性やコミュニケーション力において、女の子の方が男の子より成長が早いため、男の子が「要検査」となることが多くなりました。

　2歳、3歳での評価は要注意です。早熟、晩熟といった子どもの個体差だけではなく、環境による影響も発達の姿に表れます。特に、親子関係は子どもの姿に深い影響を与えます。

　さて、これから「気になる子」の背景にある理由をもとに、主に4つの問題（社会性の問題、理解の問題、感情コントロールの問題、養育環境の問題）に分けて紹介するとともに、対応のポイントを示します。

社会性の問題

活発で「多動」に見える子、自分の関心があることに集中して、ほかの子とあそぶのが苦手に見える子……。
保育者からすると「気になる」姿です。社会性を育てる観点から考えてみる必要があります。

一人で勝手に行動する

落ち着きがなく、周りと一緒に行動できない

　よく動く、多動という子がいます。子どもはもともと、多動気味です。子どもの動きですが、周り
の子どもの活発度も評価に影響します。おとなしい子どもや女の子が多いクラスだと、男の子の動き
が「多動」に思えてしまうことがあります。男の子と女の子の比率が3：1というクラスがありました。
男の子が圧倒的に多い場合、4歳児、5歳児になるとクラス全体が浮き立ち、時にはやや騒乱気味に
なります。これは仕方がないのですが、保育者は統制をとろうとして、どうしても命令口調になりま
す。よいお手本になる、リーダー役をやる子がいない場合もあります。

指導ポイント
●子どもの落ち着きのなさを、客観的に判断する。
●行動のお手本になる子に、その子の注意が向くようにする。

好きなもの、関心のあるものが、ほかの子と違う

　3歳頃から、子どもには好きなあそびや友達ができてきます。好きなものを否定されると、とても
怒ったりします。好きなあそびが友達やほかの子と違うから、「わたしはわたし」と表現しているか
のようです。好きなことが違うから、社会では多様な人たちが活躍でき、世界は動いているともいえ
ます。
　子どもは成長していくなかで、自分の好きなこと、関心のあることを見つけ、やがて仕事として一
生従事する可能性があります。多様性は、社会が成立するために必要な要素です。
　生徒に一律を強いる集団教育では、子どもが「圧迫感」を感じて、恐怖を持つことさえあります。
大学ではまだまだ聴講するスタイルが多いため、幼児期に皆と一緒にできないと、大人は、小学校以
降大丈夫かな？　と不安になります。ただ、子どもにある多様性は、子どもの才能といえるのかもし
れません。自分が好きなことに取り組む時間と、皆と一緒に活動できる時間と、二つが持てればいい
と思います。

指導ポイント
●子どもの好きなことは多様である、と考える。
●好きなことに取り組む時間と、皆と一緒に活動する時間の、二つのプログラムにする。

仲間とうまくあそべない

ほかの子とのあそび方を学んでいない

　兄弟姉妹がいないか少なければ、子ども同士で関わる体験がどうしても少なくなります。子どもの生活ですが、園にいる時間よりも、家庭で過ごす時間が長い子がほとんどです。

　一人っ子は、自分が好きなことには集中して取り組みますが、ほかの子とあそぶのは苦手とされます。あそびを邪魔されずに自分の思い通りにできる環境にあるので、協調性が弱いともいわれます。

　2歳児たちのあそびは、「平行あそび」といわれます。しかし、実際に子どもたちの姿を見ていると、横であそぶ子の動きをチラチラ見たりします。そして、ほかの子のあそび方を真似ることもあります。こういうなかで、ほかの子と一緒にあそぶための、基礎的な学習をしているのでしょう。

　あそび方を知らない子には、ほかの子と一緒にあそぶような場面を設定します。そして、あそびの際のやり取りの仕方やルールなどを教えます。

指導ポイント
- ●ほかの子とのあそびを設定し、ほかの子とのあそび方を教える。
- ●一人あそびが好きな場合、そのあそびに取り組める時間を作る。

シールあそびする？

やり取りのことばを学んでいない

「貸して―いいよ」のやり取りのことばは、言語発達において大切な意味を持っています。1歳の子どもは、知らないことばを聞くと、そのまま真似して言います。例えば、「ワンワン」と聞くと、自分も同じ音を出します。こうやって、ことばを学んでいきます。

同じ音を真似して言う段階が、2歳半ばくらいから変わってきます。例えば、「行ってきます」と親が言うと、「行ってらっしゃい」と子どもが返します。同じ場面なのに、違うことばを使えるようになります。

「貸して」に「いいよ」と返すようになることは、「借りる役」「貸す役」というように互いの役割の違いに気づきだしています。また、自分の意思を示してもいます。

こういう姿から、自分と他者が分離しだす（自他の分離）時期と考える心理学者もいます。「貸して―いいよ」が使えるようになると、直接的な取りっこなどでの争いも減るとされます。ことばによるやり取りができるようになるからです。

> 指導ポイント
> ● 「貸して―いいよ」のやり取りのことばを教える。
> ● 「借りる役」「貸す役」のように、役割に気づけるようにする。

ほかの子の動きを見ていない

ほかの子どもと一緒の行動体験が少ない

子どもは、生後8か月頃から、人の顔の違いに気づきだします。母親とほかの人の違いがわかってきます。いわゆる「人見知り」の段階です。赤ちゃんのなかには、生まれて間もなくから母親とほかの人を区別する子がいます。胎児の頃に聞いた母親の声を、記憶しているのではないかといわれます。記憶した声で、母親とほかの人の声を聞き分けます。それとは別の見方ですが、触覚や嗅覚で見分けているのではないかとも考えられています。

人の差異に気づいた後には、人の動きの違いに注意が向く段階がきます。幼児番組を見ながら、体操を真似たりします。

2歳前後から、人の動きをよく見るようになります。例えば、ボールけりです。大人の動きを見ながら、ボールを受け止め、けったりします。相手の動きに注意を払い、相手の動作を予測できるようになります。

> 指導ポイント
> ● 一緒に体操しながら、動きを真似するよう促す。
> ● 散歩などで、一緒に歩く機会を作る。

気が散りやすい

4歳頃から、子どもは周りの子たちの動きや声に気を奪われずに、自分がやっていること、例えばお絵描きやブロックあそびなどに集中しだします。これは「選択的注意力」といわれますが、何かに取り組んだり、学んだりする際に必要な脳の働きです。

選択的注意力がついてきても、やはり不要な刺激に気を奪われることはあるでしょう。そういう場合には、周りの刺激の量を減らす必要があります。特に音に敏感な子に対しては、静かな部屋であそべるようにするのも、一つの方法です。

指導ポイント
● 刺激の量を減らす。
● 音に敏感な子には、静かな部屋で取り組めるような環境を作るのも一つの方法。

一緒にやれない

過集中のために、周りのペースに合わせられない

好きなことにはとても集中し、持続的に取り組めるという子がいます。一心不乱ということばが当てはまる子もいます。

そのような集中力、持続力を見せる姿を「過集中」と呼びます。多動傾向の子どもに見られることがあります。この過集中ですが、もの作りや研究などに取り組む際に必要と考えられています。集中しなければ、学びは進みません。過集中できる子は、たくさんの学びを得ることができます。過集中の子どもは、新しい文化、ものを作るともいわれます。

好きなことに過集中して、周りに迷惑をかけない範囲ならば、心配しなくてもよいかと思います。

指導ポイント
● 過集中は一つの才能であるととらえる。
● じっくり取り組む子には、過集中できる時間を与える。

仲間の動きに関心がない

　子どもの集団の場合、その関心の対象や理解力には差があります。仲間の多くが興味を持つものでも、それに関心を向けない子がいます。なかには、特別な分野に興味を持つ子もいます。

　これまでに会った６歳の子どもで、一番記憶に残っているのは、大好きなものが飛行機の燃料だという子でした。彼は、燃料の化学式に興味を持っていました。こういう子は、絵本や紙芝居には興味を持たない可能性があります。この子のために、園の事務室には百科事典が置かれていました。彼の興味に合わせて、園長先生が用意された本でした。

　ある園で驚いたのは、５歳の女の子が描いた１枚の絵でした。絵には、理解力も含めて発達の状態が表れます。その女の子の絵は、幼児の作品とは思えないもので、小学校高学年レベルの絵でした。同じクラスの子たちの絵もとてもじょうずでした。彼女から影響を受けていることが想像できました。

　建物などを作り上げるのがうまい子もいます。積み木あそびなどに必要となる空間を理解する力のことを、心理学では「三次元的知能」といいますが、建築などに必須の能力です。ある園に、この能力が高い４歳の男の子がいました。このクラスでは、ビルも含めた街を皆で作りました。作品といえるほど見事だったので、担任はそれを片付けませんでした。

　いずれの場合も、一見「一緒にやれない子」が、ほかの子どもたちによい影響を与えたといえるでしょう。

指導ポイント
●皆と一緒にやれない子には、それなりの理由があるかもしれないと考えて関わる。
●才能を持っている子もいる。

突然いなくなる

帰属意識が薄い

　子どもたちの行動で不思議なのは、１歳児でもクラスの部屋から自由には出ていかないことです。部屋に段差はありません。ドアは開いていることがあります。簡単に出ていけるのに、よほどのことがない限り出ていきません。畳にはへりの部分があります。子どもの頃に、ここを踏むのはいけないと教わりました。意識しないと、踏んでしまいます。人の心理ですが、部屋の仕切りなどを意識することで自分の居場所を認識しているようです。

　４歳後半くらいになると、仲間意識や帰属意識が芽生えてきますが、クラスから出ていって廊下をふらふらしていたり、ほかのクラスへ平気で行ったりする子は、自分の居場所がわかっていないのかもしれません。クラスへの帰属感が希薄な子には、「○○ちゃんは、□□組」ということを、繰り返し伝えていくようにします。

指導ポイント
●クラスの名前を強調し、繰り返し伝える。
●クラスの部屋に色テープを張り、境界線をわかりやすくする。

社会性の問題

クラスに守られている感じがない

　子どもの集団には、「仲間と一緒に楽しくあそぶ」という目的があります。例えば、椅子取りゲームをするには、一定のルールを守る必要があります。負けた時にはゲームから抜けて、見ていなければいけません。

　ゲームでは、自分のチームの子を大声で応援する姿が見られます。負けた子を励ますこともあります。このような関わりのなかで、子どもは自分の所属する集団を強く意識するようになります。

　子ども集団の役割は、仲間とあそぶだけではありません。話をしたり、時にはけんかをしたりしながら、ほかの子との付き合い方を学んでいきます。人との基本的な関わり方を習得していくといえます。

　子どもは、他児とのあそび、関わりのなかで子ども集団の一員になっていきます。集団は、そこに帰属するメンバー（子ども）を守るという働きもあります。そうしなければ、集団が成立しないからです。

　例えば親が、クラスのほかの子のことを悪く言うと、子どもが反論することがあります。それは、自分の仲間（集団の一員）と感じているからでしょう。これもまた、「仲間を守る」という意識の表れでしょう。

指導ポイント
● 「○○グループ（組）だよ」などと、集団を意識できることばをかける。
● 帰属できていない子には、ほかの子が誘うようにして、集団生活に入れるようにする。

ほし組のお城だって一緒にやってみる？

理解の問題

大人の話をちゃんと聞かない子、人の話していることの意図がわかりにくい子……。そう決めつける前に、子どものことばの発達について考えてみましょう。大人側の話し方を工夫する必要が見えてきます。

説明してもわからない、できない

理解力に問題がある

　同じ説明をしても、理解できる子とできない子がいます。人間が一度に記憶できる単語の数は7語前後とされ、これができるようになるのは7歳頃です。子どもが記憶できる単語の数は、1歳は単語、2歳は2語というように、年齢とともに増えていきます。1歳、年を取るごとに記憶できる単語の数が、おおむね一つずつ増えていきますが、幼児期においては理解力に差が見られやすいです。伝わりにくいのは、たくさんのことばを使って説明しているからかもしれません。「丁寧に話す」は大切ですが、簡潔に伝えることが必要です。

　「廊下を走ると、ほかの人とぶつかってけがするかもしれないから歩くんだよ」は丁寧ですが、ことばが多すぎて子どもには理解できないかもしれません。「廊下は走らないよ／ぶつかるからね／けがするからね／歩こうね」と、文章を短く切って話すとわかりやすくなるでしょう。

　子どもには「類推する力」があります。「ブーブー」ですが、1歳台に言えるようになりだします。2歳台になって「くるま」ということばを聞き、「ブーブー＝くるま」ではないかと類推します。そのうちに、「じどうしゃ」も同じだとわかってきます。一つのものには、幾つかの言い方があることがわかってきます。これは知能にとっては重要な働きです。「トマトと郵便ポストはどこが似ているか」がわかるのは、「トマト」と「郵便ポスト」には、「赤い」という属性があり、それが共通していると考えるからです。「ボールペンはどんなものか？」の質問に、「字が書けて」「プラスチックで」「インクが入っていて」……と、属性を発見できる力は知能と関係していると考えられています。

　類推はこのほかに、「反対類推」という働きがあります。「走っちゃだめ」と言った時の真意は、「歩きなさい」です。「立っちゃだめ」は、「座っていなさい」でしょう。「静かにしなさい」で伝えたいことは、「おしゃべりしない」かもしれません。ところが、子どもの類推力が弱いと大人の真意が読めません。

（注意ことば）	（伝えたいこと）	（適切な言い方）
走っちゃだめ →	歩きなさい →	「走っちゃだめ、歩きなさい」
立っちゃだめ →	座っていなさい →	「立っちゃだめ、座っていなさい」
静かにしなさい →	おしゃべりしない →	「静かにしなさい、おしゃべりしない」

というように、望ましい行動を伝えます。

> 指導ポイント
> ● 記憶できることばの数を意識し、話す。
> ● 反対類推が弱い子には言い方を工夫する。

表現力に問題がある

　子どもの発達ですが、人ともののやり取りをするのは1歳前後で見られるようになります。例えば、ボールのやり取りができるようになります。この時に、「チョーダイ」の意味がわかり、チョーダイができるようになります。

　指差しが出てくると、指でものや人などを差しながら、「あーあー」と声を出したりします。まるで、「これ、なーに？　教えて」と催促しているかのようです。こういう姿が見られるようになれば、ことばの数が増えていくのは確実です。

　2歳前後からは、「大きいマル（○）」や「りんご、赤い」といった2語文が出てきます。これは、前にも述べましたが、同じものを違うことば（属性）で表現できるようになったことを示しています。いろいろな側面からものを理解できるようになっていきます。

　このような見方ができてくると、「今度、○○公園に行きます。○○公園はちょっと遠いところにあります。その公園には滑り台とブランコがあります。水場もあってあそべます」という話も理解できてきます。

　分解して説明すると、○○公園は、「ちょっと遠いところにあります（位置）」、「その公園には滑り台とブランコがあります。水場もあってあそべます（あそべるもの）」となります。○○公園のことを一体となって、想像できるようになります。多様な見方ができないと、○○公園の話はバラバラに理解されるかもしれません。そのために、楽しい散歩が不安を引き起こすこともあるでしょう。

　2歳台になると、「できる＝○」「できない＝×」ととらえるようになり、できない時には「教えて」と言うように人の助けを求めることができるようになります。

　2語文の次には3語文が使えるようにもなってきます。例えば、子どもが「たたいた」と言ってきたとします。この場合に、以下のような解釈が可能です。

・子どもが誰かをたたいた
・子どもが誰かからたたかれた（能動・受動がわかるのは5、6歳からです）
・誰かが誰かをたたいた
　（3歳台では、「たたいた」のがいつ起こったかははっきりとはしません）

　3語文になると、例えば「○○くんが、□□くんをたたいた」と表現できるようになります。助詞が入ることで、関係性が明確になります。場所も話せば、いつのことかの手がかりが得られるでしょう。こういう文章が、3歳台になると言えるようになってきます。

指導ポイント
●表現レベルがどの程度かを把握し、理解力を探る。
●表現レベルに応じて、表現の仕方を教えていく。

文字や数への興味が見られない

文字に興味がない

　文字を読めるようになるためには、線の形の細かい違いに気づけるようになる必要があります。ジグソーパズルなどを子どもが好むのは、字を読むために必要な力を高めているともいえます。

　4歳頃から、塗り絵や迷路ができるようになります。塗り絵や迷路は、線からはみ出してはいけないことを子どもに教えます。気にも留めなかった線に意味があることがわかります。文字は、線に意味があることがわからないと理解することができません。

　子どもの描画の発達には、一定の順序があります。

（1歳）殴り描きの段階です。
（2歳半ば）線が描かれます。縦線（｜）横線（－）の模写ができます。
（3歳）同じところを重ね塗りしたりします。丸（○）が模写できます。
（4歳）四角形（□）の模写ができます。電車などを描きます。
（5歳）三角形（△）の模写ができます。
（6歳）菱形（◇）の模写ができます。

　2歳から始まる線の模写から、5歳の三角形の斜線などの組み合わせで、ひらがなが書けるようになります。

| あ | 縦線・横線・丸い線、斜線で構成される |

　ちなみに字を書くことは、子どもにとっては決して簡単なことではないようです。最初の頃は、書き方鉛筆を使います。柔らかい鉛筆ですから、スムーズに書くことができます。

　紙質にも違いがあります。抵抗がないものから、くねくねした紙もあります。子どもは、鉛筆と紙の質の違いにも気配りしながら、字が書けるようになります。

　以前の子どもの絵は、しっかりと塗りつぶされたものが多かったように思います。集中力と持続力を養成するよい教育テーマだと思いますが、今は線画に、少しだけ色づけられた絵が、壁に多く飾られています。線画ともいえる子どもの絵は、塗りつぶすための時間が、保育のなかにあまりないからなのかもしれません。

指導ポイント

- 文字が読めるようになるためには、線の細かい違いに気づく必要がある。
- 塗り絵やジグソーパズルは、線の意味を教えてくれる。
- 字を書けるようになるためには、模写の成熟も必要である。
- 塗りつぶすことは、集中力や持続力を高める。

1歳　　2歳半

3歳

4歳

5歳

6歳

理解の問題

数がわからない

　数は大小から始まるとされます。どちらが大きいか、小さいかを見比べることにより、「二つという存在」に気づくとされます。

　数の一つの側面に、「数える＝数唱」というものがあります。お風呂で、「1、2、3……」と数えていき、一定数になったら出る、ということを家庭でよくやることでしょう。数唱は2歳台からできるようになるとされます。数のいろいろな側面のなかで、早い段階でできるようになります。

　数の働きには、「みんなでいくつ」という集合数があります。3歳台になると、「みんなでいくつ？」に「2」とか、「3つ」と答えます。4歳台になると、10前後がわかりだします。

　4歳台になり、かけっこなどで順位を競いだす頃には、「順序数」が理解されるようになります。「1番目（ファースト）」「2番目（セカンド）」「3番目（サード）」という見方です。

　約束で、「長い針が6になったらお風呂に入ろう」と言えば素直に従ったり、「〜回やったらおしまいね」と話しておくと、自分から守れたりします。

　時計も含めて数の理解は、子どもの我慢する力を高める、抑制力を身につけさせると感じます。これもまた、数の大切な働きです。

　数の理解がどの段階か、どういう点がわかっていないのかを確認し、援助していきましょう。

指導ポイント
● 数は、数唱→集合数→順序数と進むことを理解して、子どもと関わる。
● 約束に数を入れると、子どもの我慢する力が高まる。

1. 2. 3. 4. ……

2歳台

3歳台

りんご
二つ
ください

折り紙を
取りにきて
ください

4歳台

ぼく1番

わたし2番

みんなについていけない

ほかの子の話がわからない

　ほかの子が話しかけても、それが理解できにくい子がいます。言語の理解力に弱さがあります。子どもは、ことばのない世界から人生をスタートします。それが1歳前後になると、ことばの意味を理解し、だんだんと操れるようになっていきます。

　5年後の6歳になれば、語彙数はまだ少なく、表現も未熟ではありますが、大人との会話がほぼ問題なくできるようになります。すごい勢いで発達していきます。こういう時代を生きていますから、子どもの間に成熟の個人差が生まれても仕方がありません。理解できない子には、大人がわかりやすいように「通訳」する必要があります。

　ゆっくり成熟していく子を、スロースターターや大器晩成型といったりします。ある専門医は、幼児期においては子どもの10%近くが「気になる子」に該当すると話します。

　はっきりとした障害ではない子の場合は、5歳の段階では「見なし診断」しかできないともされます。どう成熟するかわからないので、「確定診断」は難しいという意味です。

> 指導ポイント
> ●子ども同士の会話が成立していない時は、大人が「通訳」をする。
> ●子どもの言語理解力には差があると考える。
> ●成熟を待つ姿勢も大切。

ほかの子の動きをなかなか真似しない、一緒にしない

　子どもは、まず母親と他者の見分けができるようになります。人見知りの時期です。1歳を過ぎる頃には、周りの大人の顔色を見ながら「やっていいかどうか」をうかがう、社会的参照行動が見られだします。そこで、大人が「いいよ」と言えば、行動するようになります。社会的参照行動は、子どもが社会化されていく過程のなかでは大切な能力となります。

　その後、人の細やかな動きに気づき、それを自分で模倣します。この模倣は2歳前後から始まります。模倣ができるためには、人の細やかな動きを理解するだけではなく、人の動きを真似ようという気持ちも必要です。また、真似しながらうれしそうな表情を見せます。

> 指導ポイント
> ●真似すべき動きがわかるように教える。
> ●うまくできない時には、後ろから手足の動かし方を介助する。
> ●うまく真似ができた時には褒める。
> ●子どもがうまく真似できない場合、動きを映像で見せると伝わりやすい。

ルールのあるあそびができない

ルールがわからない

　人の社会には様々なルールがあります。赤ちゃんが家族の生活リズムに合わせ、「寝て、起きる」ようになるのは生後半年くらいとされます。これも、「家族のルール」の一つといえます。
「嫌いなものを食べたら、好きなものをあげる」と言いながら、苦手なものを食べさせることがありますが、1歳台のほぼ半ば以降には、この初歩的なルールがわかりだします。
　2歳台になると、同じものを並べたり、箱に入れたりします。これを、「異同弁別」といいますが、これもまたルールの理解といえます。異同弁別ができだすと、ルールにそって行動するようになります。無茶苦茶には行動しなくなります。
　3歳になれば、ほかの子と協同あそびができるようになります。このあそびのなかで、順番にあそぶなどのルールを理解していきます。

指導ポイント
●その子がどの程度ルールを理解しているかを知る。
●子どもにとってわかりやすい、「嫌いなものを食べたら好きなものをあげる」といったルールを取り入れてみる。
●ルール理解を促すために、「異同弁別」を取り入れたあそびを行う。

同じ特徴（色・形・大きさなど）で区別するのは、ルール理解の第一歩。

ほかの子の動きに気を取られる

　元気いっぱいに動き回り、声をあげながら楽しさを表現する子どもがいます。一方で、にぎやかな声や、激しい動きは苦手という子もいます。大人になって、激しい音楽を好む人もいれば、静かな音楽のほうが、心が落ち着いて好きだという人もいます。

　主に発達障害の分野では、ニューロダイバーシティ（神経構造の多様性）ということばが注目されています。人の脳には多様性があり、その働きは個性的ということでもあります。

　ほかの子の動きに気を取られてしまう子がいますが、人間には環境に慣れるという働きが備わっているので、慣れてくることもあります。

　また、成熟するにつれ、自分に必要な情報だけを選択して、受け入れるという働きも高まってきます。

指導ポイント
● にぎやかな環境が苦手な子もいることを理解する。
● 慣れるまで持つ。
● 静かな部屋で活動できるよう環境を整える。

じゃんけんがわからない

　子どもは、自分の欲求が強い存在です。その強い欲求を自分でコントロールできるようになるために、自己抑制の仕方を学んでいきます。

　じゃんけんは、6歳になると9割の子どもが理解するとされますが、理解できるようになるためには、自己抑制の段階を踏んでいる必要があります。

　まずは、「待っててね」の理解です。1歳を過ぎたくらいからわかってきます。子どもが待てるようになると、育児や保育はとても楽になります。

　次は「はんぶんこ」の理解です。2歳台で、お菓子などを「はんぶんこ」できるようになります。これは分け合うことを学ぶ、初めの段階です。

　そして、おもちゃを順番にあそべるようになります。「順番」がわかると、並んで待つことができるようになります。話をする時も、「かわりばんこ」がわかります。

　じゃんけんは、頭で理解する必要はありますが、基本的には子ども同士でじゃんけんの体験を積むことが大切です。体験のなかで、じゃんけんの有効性がわかってきます。

指導ポイント
● 保育者は、その子が自分を抑制できる段階をわかるよう援助する。
● 抑制できたら認め、褒める。

感情コントロールの問題

小学生になっても、怒りを反射的に表して乱暴な振る舞いをしていると、友達ができず、良好な人間関係を築きにくくなってしまいます。感情の表現とことばとの関係を、幼児期の姿から考えます。

すぐに手や足が出る

　手や足が出る理由は、「何かを取られた」「勝手に使われた」「たたかれた」など、「怒り」が背景にあると思われます。例えば動物ですが、獲物を奪われたらすぐに奪った相手を威嚇するか襲いかかるでしょう。これらの行動は、反射的な反応です。動物は進化の過程でこういう反応を獲得し、それで種を保ってきたと考えられています。こういう行動を、心理学では「情動」といいます（2章で詳述します）。

　手や足が出てしまう子は、情動が強いといえます。情動は、長い時間は続きません。というのも、次々に不利なこと、危険なことが降りかかる可能性があるからです。それらに対応するために情動反応が続きすぎると、生存に不利になるでしょう。

　子どもが、手や足を出すのではなく「怒っている」と話せば、それは「感情の表現」です。感情表現ができるようになれば、自分の行動をある程度コントロールできるようになります。

　手や足がすぐに出てしまうのは、言語理解が未熟ともいえます。

　いくつかの場面を取り上げて、教えるべきことばを紹介します。

●待たせようとすると、手や足を出して抵抗する
　……「待ってね」のことばの意味を理解していない。繰り返しことばをかけ、「待つ練習」をする。
●あそんでいるおもちゃなどをほかの子に取られると、たたいたりかんだりする
　……「貸して」「一緒にあそぼう」ということばを教える。貸せたならば「お兄（姉）さんだね」と褒める。
●ほかの子のおもちゃを取り上げる。取り返そうとする子に手や足が出る
　……「貸して―いいよ」ということばがわかっていない可能性がある。このことばを使うよう促し、理解して、獲得できるようにする。
●思い通りにならないと手や足が出る
　……何でも自分の思い通りになると思っている。こういう子は、誰が決めることなのかが理解できていない。「決定権を誤解している」子といえる。決定権を誤解している子には、誰が決めるのかを明確に伝える。
●社会性が幼い
　……少子化の影響もあり、決定権の誤解などが起こりやすくなっている。「はんぶんこ」「順番」「じゃんけん」などがわかっていないために興奮しやすい子には、教えていく必要がある。

指導ポイント
●自己抑制を促すために、重要なことばを教える。

ほかの子にべたべた触る

決定権の誤解

　人の体に触っていいかどうかを決めるのは相手だということが、３、４歳になってくるとわかってきます。特に女の子では、それを強く意識する場合もあります。そういう子は、べたべた触られるのをいやがります。べたべた触る子は、このことがわかっていません。決定権を誤解しているといえます。

　保育者の話を聞かずに、子ども同士が体を寄せ合って、ふざけていることがあります。保育者の指導がいきわたらないと、なかには「クラス崩壊」状態になることもあります。

　群れを作って行動する動物の子どもは、互いに触ったりかんだりしながらじゃれ合います。ライオンやおおかみ、さるなどの集団を作る動物では、じゃれ合いが群れでの行動の仕方を教えているとされます。人間の子どもも同じ傾向があるように思います。じゃれることで、相手との距離感がわかり、社会性を獲得している面もあるのではないでしょうか。

　幼児期においては、ふれあい、じゃれ合ってあそべる時間を用意する必要がありそうです。

> 指導ポイント
> ●決定権を誤解している子には、相手の体に勝手に触ってはいけないことを教える。
> ●じゃれ合いの大切さを意識して計画を立てる。

ちょっかい行動

　ほかの子にちょっかいを出す子がいます。ほかの子に興味はあるものの、表現力に弱さがあり、意地悪にしか思えない言動を取ってしまいます。また、その行動が長続きせず、ピンポンダッシュのように、関わってもどこかにすぐ行ってしまうこともあります。これをされた子が４歳過ぎともなれば、「わざとやっている」と、悪意の行動にとる可能性があります。

　やってよいこととやってはいけないことを区別して教える必要があります。相手から拒絶されてしまうことが多いため、内面では寂しさを抱えていることが多いでしょう。

　ほかの子とうまくあそべない時には、大人が関わる時間が必要かもしれません。その関わりのなかで、あそび方や人とのやり取りの仕方を教えます。

> 指導ポイント
> ●ことばの力が未熟で、人とのやり取りの仕方がわからない子には、大人が適切な関わり方を教える。

落ち着いて行動できない

悪ふざけが多い

　子どもはよく動きます。ある生態学者は、「体の大きさと体温」によって代謝量が決まることについて言及しています。「人間の子どもはまるで小動物のようにエネルギッシュで、じっとすることなく動き回り、体の大きさの割によく食べてよく寝、よく成長する。動物の分類群をひょいとまたぐことのできる代謝量理論からすれば、人間の子どもは小動物に似ているのではなく、小動物そのものなのである」※ と述べています。

　なぜ子どもは活発に動くのか、とても不思議でした。「子どもは小さな大人」よりも、ハムスターなどの小動物に近いと考えると、よく動く理由がわかります。

　子どもはもともと活発だから、大人にとっては「悪ふざけ」に見えることも、たくさんするでしょう。ただ、子どもは成長するにつれ、体の大きさは増し、体温は低くなります。体温が低くなれば、体の動きは少なくなります。ぞうとハムスターの動くスピードが違うのは、体の大きさと体温で説明できます。

　長い目で見れば、落ち着きのなさ、過活発は減っていくと予想できます。

指導ポイント
- 子どもの活発な活動は、小動物と同じ原理で動いている、と考えてみる。
- 行きすぎた悪ふざけなどには注意が必要。

屈折した「かまってほしい」

　昔から、子どもはかまってほしいものです。かまってほしいのですが、赤ちゃんとは違い、いつでもというわけではありません。自分がかまってほしい時に、かまってほしいというわがままなものです。

　ただ最近は、「かまってほしい」という気持ちが、わかりにくい印象があります。泣く、抵抗する、急に活動をやめるなど、全般的に「不機嫌な印象」があります。かまってほしいのだろうなと思いますが、屈折してわかりにくくなっています。

指導ポイント
- かまってほしいという気持ちが、子どもにあることを理解する。
- 子どもの感情表現には、屈折しているところがあると理解する。
- 「一緒にあそびたいんだよね」というように、子どもの気持ちを代弁する。このことで、適切な表現の仕方を教える。

※（引用文献）渡辺佑基 著『進化の法則は北極のサメが知っていた』河出書房新社　2019年　p.260

（縦書き）

友達ができない

感情をコントロールできない

すぐ手や足が出るなどの乱暴行為は、周りの子から嫌われる原因になります。悪口も同じです。

子どもは、ことばを使って感情をコントロールできるように成長していきます。感情のコントロールができないのは、成長の妨げにもなります。

感情のコントロールがある程度できることは、良好な人間関係を作るのに必要な力です。

指導ポイント
● ひとりひとりの子が感情のコントロール力をつけることを目指す。
● 感情のコントロールができる子の姿に意識がいくように促す。

ほかの子を応援しない

ほかの子を応援しない子には、応援の仕方を教え、そのことの気持ちよさに気づけるようにします。大人でもひいきのチームを応援します。大勢で応援しながら、多くの人と気持ちが通じ合う気がします。

日常生活では、人と人が互いにわかり合えたと思うことは多くないかもしれません。応援することは、人とわかり合える喜びを与えてくれます。

指導ポイント
● 応援の仕方を教える。
● 皆と一緒の気持ちであることが感じられるよう、ことばをかける。

養育環境の問題

睡眠、食事といった生理的な欲求が満たされないと、子どもは不機嫌になります。
子どもの生活リズムが不安定な場合、親のライフスタイルや子どもへの関わり方に理解を示したうえで、
サポートする必要があります。

生活リズムが定着しない

生活リズムの乱れ

　登園早々に不機嫌な子がいます。朝の用意ができずにグズグズします。そういう子は少し寝たり、お昼ご飯を済ませると元気になったりします。このような場合、夜に十分に眠れていない、朝ご飯を食べないで登園しているなど、生理的な欲求が満たされていない可能性があります。

　食事は、子どもの成長にはなくてはならないものです。それが欠けてしまいがちな子どもがいます。

　赤ちゃんはおなかがすいたり、眠いのに眠れないと不機嫌になります。いわゆる「グズる」姿を見せます。

　登園早々に不機嫌な子は、赤ちゃんのグズリと同じ可能性があります。生活リズムを点検し、家庭で改善してもらう必要があります。こういう登園の不機嫌さは、小学校に行った時にも残る可能性があります。「学校はつまらない」「勉強は面白くない」という気持ちが出てくると、学校への行き渋りが始まり、それが不登校につながるかもしれません。

　高校での中退率ですが、文部科学省の「平成30年度 児童生徒の問題行動・不登校等生徒指導上の諸課題に関する調査結果」によると、中途退学者数は48,594人（前年度46,802人）で、在籍者数に占める割合は1.4%（前年度1.3%）です[※]。

　中退の理由の上位に、「生活リズムの未自立」があげられます。自分で朝起きて学校に行くことができません。これは大学生でも起こる可能性があります。さらに、就職しても、朝起きるのは無理と言い、退職してしまう青年がいます。

　生活リズムの自己コントロールは、短期間ではなかなかできません。小さい頃から繰り返し指導し、自分で朝起きられる子にしていく必要があります。

※地域によって差があります。最近の調査では中退後に「サポート校」に移るので、中退率が減少しているともいわれます。

指導ポイント
- 子どもが不機嫌な時は、空腹か寝不足を疑う。
- 朝、保護者が子どもを追い立てるように登園していないか、気を配る。
- 原因がわかれば、解決のための方策を保護者と話し合う。

一人親家庭の場合、子どもに十分に関われていないことも

経済的に大変で、仕事が忙しい

フランスは、子育てがしやすい国といわれています。その理由の一つは、最低賃金の高さにあると指摘する人がいます。最低賃金は日本より高いです。日本は世界のなかでも、最低賃金が低い国の一つです。このために、一人親家庭は経済的に困窮しやすく、ダブルワークしないと暮らしていけないなどの話を聞きます。

一人親への社会的支援も十分ではなく、特に母親への心理的サポートが必要です。

指導ポイント
● 保護者が社会的支援の内容を知らない場合は、その情報を伝える。

関わる時間が少ない

子どもと関わる時間が少ないことを悩んでいる、一人親は少なくありません。時間の少なさは仕方がないとして、子どもの印象に残るような関わりをしたいものです。

子どもは出かけることが好きです。外で生き生きとあそびます。ただ、何かを作ることも好きで、料理の手伝いやクッキー作りなどにも興味を持ちます。

保護者には、園で子どもが楽しんでいることを話し、家でのコミュニケーションのヒントを伝えられるとよいでしょう。

指導ポイント
● 子どもと関わる時間の少なさの悩みを理解し、共感する。
● 子どもと関わる際に、子どもの心に残るような内容を提案する。

親の関わり方に問題がある

親の理解力の問題

　話をしても、連絡帳に書いても、コミュニケーションが取りにくい保護者がいます。理解力に弱さを抱えている場合もあります。

●抽象的な難しいことばを理解できない
　……やさしいことばに置き換えて伝える必要があります。
●長い文章はわからない
　……短く区切り、わからない文章は解説します。
●「もしも〜したら」という文章がわからない
　……もしも〜という文章は、目の前のことではなく、想像して考える必要があります。この想像して考える力が弱い場合には、文章を省略しないようにします。

　例えば、「明日は晴れだったら公園に行きます」と話したとします。この文章は、「明日、雨だったら公園に行かずに園にいます」という文が省略されています。想像力が弱い場合は、「公園に行く」部分だけを強く思い込んでしまう可能性があります。そして、雨で公園に行かないと、「先生はうそをついた」と感じます。こういう誤解の積み重ねが起きると、不信感が募ってしまうことがあります。

> 指導ポイント
> ●保護者の理解力を把握する。
> ●誤解が生じやすい部分を補って説明する。
> ●仮定の話は誤解を生まないよう、省略せずに伝える。

親の社会性の問題

　話をしていて、共感が生まれにくい保護者もいます。例えば、運動会の話をしている際に共感を求めて、「○○組さん、いいですよね」と言った場合、○○組の何がいいのかをきちんと言わないと、伝わりにくい人がいます。当たり前に理解してもらえると思っても、そうはいきません。この場合も省略をせずに、正確に伝える必要があります。

　話がコロコロ変わる、落ち着きのない保護者もいます。話を聞く際の注意力に問題がある場合もあります。きちんと聞いてもらえない可能性があるので、メモにして渡し、話が適切に伝わるよう心がけます。

> 指導ポイント
> ●主語や動詞を省かず、正確に伝える必要がある。
> ●話を聞く力に問題がある場合には、メモにして渡す。

第 2 章

感情の世界

複雑な「感情」とは
―情動反応と感情表現は混在する―

　広い意味で、情動は感情に含まれます。驚き、喜び、恐れ、嫌悪、怒り、悲しみなどが反射的に行動に表れると、それは情動ととらえられます。例えば、突然ほかの子が近づいてきた時に、5歳の子が相手をけりました。これは本能的に危険を感じて出た反射で、情動反応です。しかし、「急に近づかないで。びっくりするよ」と言えば、思考を伴う感情表現になります。

　赤ちゃんの時には泣いて空腹を訴えるように、4歳くらいまでは情動反応が強いですが、5、6歳になって社会性が育ち、ことばで伝えられるようになってくると、感情表現が豊かになってきます。しかし、ものすごく空腹になれば、泣いて騒ぎます。情動反応がなくなったわけではなさそうです。

　発達心理学の視点で子どもを見ていると、情動反応からことばによる感情表現にはっきりと切りかわるわけではありません。子どもの場合、情動反応から感情表現に移行しつつも、その境界はあいまいです。刺激の内容や、その強弱によって、情動反応が出てきたり、感情表現になったりするようです。

　4歳くらいから、自分の心のなかや人の内面に気がつきだし、6歳くらいには自分の感情を理解し、8歳くらいには他人の複雑な感情がわかるようになってくるとされます。しかし、最近では、「自分の気持ち（感情）がわからない」という子が増えているように感じます。それは「悲しいんだね」「うれしいんだね」などと、自分の気持ちを受け止めてもらう場面が、家庭内で減っているからなのではないかと思います。今の自分の気持ちがどういうものなのかを、保育のなかでも伝えていくとよいでしょう。

　大人になっても、「カッとなって（ものを）壊した」などという人がいます。カッとなるのは情動反応でしょう。人間は日々の暮らしのなかで、情動反応と感情表現の二つの側面を行ったり来たりしているのかもしれません。

感情とは……

社会生活を送るうえでは、自分の気持ちである感情をコントロールして人と関わることが
大切です。ここでは、情動、感情、気分を取り上げ、解説します。

情動とは

　いぬの顔を見ると、「怒っている」「甘えたがっている」などと感じます。そしてそれが、しばしば
当たっています。

　進化論を説いたダーウィンは、ヒトとほかの生物の表情には似たところがあると示しました。ヒト
には、怒っている、笑っている、緊張しているといった表情があります。これらの表情ですが、違う
文化を持つ社会に住むヒト同士でも、類似性があることをダーウィンは指摘しました。

　現代に生きるヒトは、世界のヒトの表情を、テレビやインターネットで毎日でも見ることができる
ようになりました。そして、ヒトの表情を読み取れることは、当たり前のことのように思っています。
しかし、ダーウィンの時代には、それが不思議に思われていました。

　ヒトの赤ん坊は、意識的な笑いではない、「生理的な微笑み」を浮かべます。生後1か月前後から
です。この生理的な微笑みを見て、親はうれしくなり笑顔になります。この時の親の笑顔は「社会的
な微笑み」です。親のこの微笑みを見ているうちに、赤ちゃんもうれしくなるのでしょう。微笑みを
浮かべるようになります。赤ちゃんの生理的な微笑みは、親の笑顔を引き出し、そしてヒトの表情へ
の注目を高めます。こういったやり取りを繰り返しながら、赤ちゃんはヒトの表情を学び、また表情
の意味するところにも気づき始めます。

　1歳の子どもは、ほかの子に自分のおもちゃを取られると、取った子をたたいたりけったりします。
かみつくこともあります。お母さんのひざにほかの子が座れば、その子を押しのけて自分が座ろうと
します。

　このように、自分の好きなものを取られた時に、奪い返そうと力を行使するのは、社会性のある動
物でも見られます。例えば、いぬやさる、ライオンなどです。これらの動物の奪い返そうとする姿を
見ながら、「取り返したいんだな」「怒っているんだな」と感じます。

　1歳の子の姿を見ていても同じように思います。「取り返したいんだな」と感じます。このように、
動物にもヒトにも共通に見られる姿は「情動」とされます。情動は、ヒトへと進化するなかでも消え
ずに残った、動物にもある環境の変化への反射、反応様式です。

　しばしば感情が心に起こり、それが身体的な反応を引き起こすと考えがちです。しかし、まずは身
体的な反応である情動が起こり、その次に感情が湧いてくると考える研究者もいます。感じ、考える
よりもまず身体的に反応する、これは生きるために必要なメカニズムでもあります。

　子どもは子どもらしく、まずは反射、反応で物事に対応します。それは動物に似て本能的です。子どもを見ていると、親などとの距離の取り方が変化します。べたべたと触っていた頃から、2歳前後になると親などから離れていきます。離れながら、一人で行動できる力を学んでいきます。「待っててね」と言うと、「ウン、待ってる」と言って、待てるようになります。それまでは待たせようとすると、けったりしていた子が変わります。

感情のことばと働き

　さらに5、6歳になれば、ものを取られて怒っている時に、「怒るよ。返してよ」とことばで表現できるようになります。この段階になれば、直接的な行動は取らなくなりだします。行動で示す子には、ほかの子が「乱暴はダメだよ、ことばで言ってよ」と注意するようになります。

　情動が激しく出ている段階では、大人の「〜と思っている」「〜ができずに悔しいんだ」という心理分析は、あまり役に立たないかもしれません。複雑な要因よりも、反射、反応だからです。感じたらやってしまうからです。

　成長するにつれ、情動的な反応ではなく、自分の感情をことばで表します。このことで、たとえ100%ではなくとも感情をコントロールすることができてきます。情動と感情の関係はわかりきれてはいませんが、ことばの発達と両者の関係は深く結びついているようです。

気分とは

　楽しい気分とかゆううつな気分と表現したりします。気分は、ある程度長い時間続く気持ちといえます。そして変わりにくいともいえます。

　子どもには、怒っていたと思ったらすぐに仲直りし、あそびだす姿があります。すごく熱中して一人であそんでいたかと思うと、次には仲間と大騒ぎしたりします。子どもの気持ちがころころ変わるのは、情動的な反応が多いからでしょう。情動は、ころころ変わるという特色があります。短時間で切りかわっていきます。

　その一方で、感情は変わりにくいという特徴があります。怒る、すねる、ふてくされるなどは、短時間ではおさまらないことがあります。感情は情動よりも、長い時間継続します。

　気分はさらに長い時間、続きます。大人では、うつ気分が何年も続くことがあり、病気になることもあります。

　子どもは情動反応からスタートし、感情が芽生え分化していきます。ことばの力も成長し、そのなかで感情をコントロールする力をつけていきます。

二つの感情……
個人的感情と社会的感情

人の感情には2種類あるといわれます。喜怒哀楽、好き嫌いといったものを個人的感情、人と関わるなかで生まれる感情を社会的感情といいます。

個人的感情

「喜び」「怒り」「哀（悲）しみ」「楽しみ」は自分の気持ちですから、個人的な感情といわれます。泣いたり騒いだりしている時の子どもの感情表現は、ストレートで強いものがあります。それは、未熟で感情がコントロールされていないからでもあります。

本来は、「喜び」や「楽しみ」などプラスの感情が強いのが子どもです。遠足にわくわくし、外食にどきどきします。

試しに、「最近楽しいことがありましたか？」と聞くと、すぐに楽しいことをあげてくれます。なかには、いくつもいくつも楽しい思い出を話してくれる子もいます。毎日が楽しさにあふれていることがわかります。

一方で、「怒り」や「哀（悲）しみ」の感情は強くはありません。子どもがけんかしている時に激しく怒りの表情を見せても、すぐにおさまります。情動だから短い間に変化します。

子どもに、「近頃、いやなことはありましたか？」と聞くと、情緒的な問題を抱えていない子は、「ない」と答える傾向があります。記憶に残るほどの不愉快なことはない、ということなのでしょう。

楽しいことは「ある」、いやなことは「ない」という子ども時代ですが、その答えが変わってくるのは12、13歳の頃からです（なお早熟な子は、もっと早くから変わりだします）。

思春期の子に、「最近、楽しいことはありましたか？」と聞くと、「ない！」と答えます。おおむね、不愉快そうな表情を浮かべながら断定口調です。続いて、「近頃、いやなことはありましたか？」と聞くと、「いやなことばっかり」と返ってきたりします。

幼児など子どもの頃は、楽しくうれしいことがたくさんあるから、何事にも好奇心旺盛に、積極的に取り組めるのでしょう。その心持ちが、生きていくのに必要で大切な事柄を学ばせていくのでしょう。いやなことが少ないかないのも、子どもの気持ちを前向きにしてくれます。

子ども時代は、大人などから守られています。しかし思春期になると、自分で自分のことを守らなくてはいけなくなります。危険なこと、いやなこと、怖いことを避け、あるいは乗り越えていけるようにならなくてはいけません。そのためには、「いやなこと」を記憶し、対応法を学ぶ必要があります。だから、「いやなことばかり」という答えになるのかもしれません。

　ネグレクトなど成育環境に問題があり、情緒的に問題を抱えている5、6歳の子どもに、「最近、楽しいことはありましたか?」と聞くと、無言か「ない」といった反応を見せます。「近頃、いやなことはありましたか?」には、無言か「ある」と答えます。無反応の子が多く、そもそも「楽しいこと」「いやなこと」が何かを理解できていないのかもしれないと感じます。

社会的感情

　社会的感情とは、人との関わりのなかで生まれてくる感情です。憧れや尊敬、恥、罪、畏敬、自尊心などがあげられます。

　ほかの子の動きに、注目しやすい子どもがいます。特に、「じょうず」と感じるような動きについては、集中して見ています。こういう体験のなかで、自分なりの感性を育むのでしょう。

　年配の人が竹細工などをする姿を、子どもは一心不乱に見ていたりします。以前は、田舎では祖父母たちが孫に竹とんぼや弓矢などを手作りして、プレゼントしていました。こういう体験を通して、子どもの心のなかにお年寄りへの畏敬の念が生まれました。

　幼児期の子どもは特に、学ぶことに貪欲です。たくさんのことを学び、意欲的です。その影響か、子どもたちは折り紙や塗り絵、サッカー、なわとびなど、何かを教えてくれる人に素直に従います。そして、尊敬もします。

　家に帰ってから、「〜先生が○○を教えてくれた」と、4、5歳の子どもが家族にエピソードをうれしそうに話します。園などで保育者に、「ママが○○を教えてくれた」とも報告します。こういう話を聞きながら、保育者は良好な親子関係を想像することでしょう。

　この時期は、よい人間関係に恵まれ、豊かな体験を積み重ねることで、プラスの社会的感情が育まれていきます。

　園で、「どうして保育者になりたかったのですか?」と質問すると、自分の幼児期に出会った保育者の話をする人がいます。話を聞きながら、その保育者に憧れ尊敬していたことがよくわかります。

社会的承認と自尊心

　幼児期前半で、ヒトとして成長していくのに必要な、とても大切な姿が出てきます。子どもは２歳前後から、「できた」と言うようになります。できるようになりたい、それが「できた」のことばに表れています。

　子どもの「できた」ということばを聞いて、大人は頭をなでたりしながら、「できたね」「じょうず」「お兄さんだね」「お姉さんになったね」などと反応します。評価を求める子どもの気持ちに、承認する態度やことばで反応します。

　子どもは「できた―できない」の二分法で物事を判断します。「○か×」で結果を判断するといえます。そして大人などに、「○」であることを確認します。その結果が○であれば、承認を受けることになります。

　この仕組みによって、子どもは自分が所属する文化や社会、あるいは宗教などに対して適応していくと思われます。自分の振る舞うべき姿を身につけていくといえます。

　問題は、子どもの側から「できた」と報告せずに、承認を求めないことです。こういう子には、「できた」と言えるように働きかけましょう。「できた」と言えば褒められてうれしい気持ちになります。その体験から、自分から「できた」と言えるようになる可能性があります。

　また、「できた」と子どもは言うのに、大人の方が承認を与えない場合は問題です。無視、ネグレクトという状態に置かれた子どもは、承認を求めることをあきらめてしまうかもしれません。

恥の意識

　社会的承認によって、子どもは所属する社会から求められている振る舞い方を学び、身につけていくと述べました。２歳前後から始まり、５、６歳になると、「～ができないとかっこ悪い」という意識が芽生えてきます。この意識は、周りには自分の振る舞いがどう見えるかという心の働きが生まれたことを示しています。子どもが、周りの人たちの見方、考え方を学んだことの証拠ともいえます。

　こういう意識が育った子が小学生になった時に、「宿題をしないで学校に行くことをどう思いますか？」と聞くと、「恥ずかしい」と答えます。周りから期待されている内容を理解していることがわかります。

　不登校の子どものなかには、一つの原因だけではないでしょうが、学校に行かないことに抵抗がない子もいます。社会的承認を通して、学校に行くということの大切さを学んでいないことが一因かもしれません。

　子どもは徐々に、「できた」と言わなくなります。ストレートに承認を求めることが恥ずかしいと思うのかもしれません。内気など、子どもの気質とも関係するでしょう。本当は認めてもらいたいのでしょうが、描いた絵を「できた」と言って大人に渡せません。でも、そっぽを向いて、絵を渡したりします。こういう時にも、承認を与えましょう。

　大人とともに仲間からの承認も、子どもの内面に自信を育むように思います。

相手の気持ち（感情）を理解するためのプロセス

気持ちは正確に理解できるものではありませんが、自分の気持ちを理解し、表現できるようになったら、人の気持ちもわかるようになるとされています。
気持ちを知るには、人から教わる必要があります。

相手を見る

　人の気持ちがわかるためには、相手の声を聞き、見ることが大切です。認知症の人たちへのケア技法で、「ユマニチュード」が注目されています。もともとはフランスで考案されたものですが、日本の高齢者施設やリハビリの場などで導入されています。ユマニチュードの意味は「人間らしさ」です。また、「人間らしさを取り戻す」という思いも込められているそうです。あわせて、「ケアする人とは何か」ということに気づかせる技法とされます。

　ここで詳しい紹介はできませんが、「見る」「話す」「触れる」「立つ」という人間の特性に働きかけることが基本の技法です。特に「見る」は重要な意味を持ちます。相手の目を、同じ高さで見つめます。正面から、顔を近づけて、長い時間見つめます。そうしながら話しかけます。

　実際に子どもにやってみると、ことばの意味や気持ちが、はるかによく伝わるように思います。「目を見て話しなさい」と、子どもの頃に親からよく言われました。子どもの目を見て話す、というのはごく当たり前のことです。しかし現実には、目を見て話すことがおざなりになっているのではないでしょうか。

相手の気持ちを類推する

　相手の気持ちを類推するためには、気持ちの存在への理解が必要です。また、見えず、触れられない自分の気持ちには、「楽しい」「面白い」など、名前があることを知らなくてはいけません。

　4歳児クラスでの出来事でした。保育者が『ちびくろサンボ』の絵本を読み聞かせしていました。とらがバターになる場面がありますが、一人の女の子が「かわいそう」と声を上げました。すると、ほかの子たちが「かわいそうだね」と続けました。20人余りいた子たちも、自分のなかに沸き起こった気持ちが、「かわいそう」だと学んだのではないでしょうか。

　こういう共感の体験を通して、子どもたちは相手の気持ちを類推する力を伸ばしていくのでしょう。

相手に確認する

　人の気持ちはわかりにくいものです。「察する」ことが苦手な子どもには、自分の気持ちをことばにして伝えましょう。心の内側で感じていることを具体的に伝えていきます。実際に2、3歳の子どもに向かって、自分の気持ちを伝えている大人の姿をしばしば見ます。

　また、子どもに「わたしは、どういう気持ちだと思う？」と質問してもいいでしょう。そうやって、子どもから気持ちのことばを引き出します。そして、どういう気持ちかを伝えます。

　子どもは成長するにつれて、人の内面に気づきだします。親が怒った顔を見せると、それが本当の気持ちかどうかをはかりだします。4歳になると、わざと人のいやがることを言って怒らせようとします。怒った姿を見て、内面に潜むものを確認しているかのようです。

　ほかの子とぶつかった時に、「わざと」か「わざとじゃないか」を気にするようになります。ぶつかったことで痛いと感じるだけではなく、相手の内心（動機）が重要になります。そして、「ごめんなさい」と謝ることを求めます。

心の切りかえ方を教える

「悲しい」「怒っている」という気持ちが固まってしまった時に、それからどうやって切りかえるか、その方法を教える必要もあります。そのいくつかを紹介します。

- お絵描きや粘土など、手指を動かすあそびに取り組む
- 歌ったり踊ったりして、気分転換する
- ゲームなど、仲間とあそぶ
- 絵本や劇などを通して、仲間と共感する
- かけっこなどで、仲間を応援する

　子どもはもともと、立ち直る力（「レジリエンス」ともいいます）があります。気分転換がうまいともいえます。気持ちを切りかえる体験を積み重ねることで、感情のコントロール力も高まるに違いありません。

情動は表現の源である

積極性、集中力など、生きていくうえで必要な力は、喜びや驚きといったプラスの情動から始まると考えられます。子どもはもともと、発見の喜びや驚きを感じるのが得意でもあります。

子どもらしさと情動

　どのような情動を基本情動とするかは諸説あるようですが、おおむね驚き、喜び、恐れ、嫌悪、怒り、悲しみが含まれています。

　動物においては、情動が行動を支配するとされます。その情動による行動ですが、蛇を見たらおびえて逃げる、鳥に捕まりそうになったら身を低くして隠れるなど、自分を防衛する行動が注目されています。

　1歳の子どもが、空高く飛ぶ飛行機やヘリコプターを発見し、声を出しながら指で差して大人に知らせます。この行動は、わしなどの猛禽類が高いところで旋回し、樹上のさるを狙っている時の警戒行動が起源かもしれません。年齢が上がるにつれて、子どもは1歳児のようには飛行機などに関心を示さなくなります。それは、飛行機などが危険ではないことを学んだからかもしれません。

　豆まきの時に鬼を見た子のなかには、恐怖で立ちすくんだり、泣きだす子もいます。これもまた、恐れの情動反応なのでしょう。

　幼児期の子どもも含め、小学校3年生くらいまでは、友達関係は「昨日の敵は今日の友」というように流動的です。この頃の子どもの「嫌い」や「怒り」は長くは続かないのでしょう。嫌いな相手が固定化するのは、好きな人が固定化しだす小学校高学年くらいからです。

　大人になると、恐れ、嫌悪、怒り、悲しみといった情動が強まります。マイナスの情動と、ここでは表現しておきます。

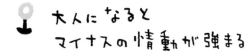

プラスの情動

　一方で子どもの情動で目立つのは、興味深いことや楽しいことに出合った時に表れる、驚きであり喜びです。プラスの情動ともいえます。

　だんごむしなどを見つけると、じーっとしゃがみこんで見続けます。なかには虫を捕まえる子もいます。

　新しいおもちゃが目に留まると、安全を確認してからですが、一心にあそび始めます。

　驚き、発見し、そして生き生きと関わる子ども。この時の積極性、集中力、持続力などが「子どもらしさ」といえるのかもしれません。こういう情動による反応は、子どもの生活を豊かにしていきます。

　楽しいから、子どもは繰り返しあそびこみます。そのことによって、あそびをさらに発展させ、仲間と一緒にあそぶようになります。仲間と一緒だと、楽しさも高まります。情動をスタートとして社会性が育まれていきます。

情動と応答的環境

楽しい、うれしいといったプラスの情動は、子どもの意欲を生み出します。その意欲は、身近な大人が応答して共感することで、さらに高まります。

プラスの情動と意欲

子どもが歩きながら、虫や花、乗り物などを見つけ、指差ししながら声を出すなどの反応をします。指差しの先を見ながら、大人は「てんとうむしさんね」と答えたりします。子どもの日々は、発見と驚き、それに喜びに満ちています。

楽しい、うれしいなどのプラスの情動は、子どもの見たい、触りたい、もっとあそびたいなどの意欲を生み出します。ほかの子や、大人の共感があればプラスの情動は強まり、意欲をさらに高めることでしょう。

応答的環境の問題

不幸なことに、虐待を受ける子どもがいます。虐待は5類型あるとされ、身体的、心理的、性的、経済的のほか、育児放棄、育児怠慢ともされる「ネグレクト」もその一つです。ネグレクトでは、満足な食事を与えない、清潔に気を使わないなどが例としてあげられます。

子どもの成長には「応答的環境が必要」とされます。子どもが何かに気づき、それが何かを知りたいと思う、その時に周りの大人に質問します。幼い時期、答えるのは親が中心になるでしょう。子どもが発見し、驚き、それを知ろうとする、親の答えが知識や知恵を増やしていきます。

ネグレクトは、身体的な世話をしないことに注意が向きますが、同じように重大な影響を与えるのが「応答的環境がない」、つまりは「応答しない親」の存在です。例えば、3歳前後から、「なんで？」と子どもが聞いてきます。子どもが何かを知ろうとしているのに、それに答えず理由を説明しないのは、無視、無関心といえます。

理由を理解することは、人が話したり行ったりすることの背景にあるものを知ることでもあります。ここに、応答的関わりの重要性があります。

応答的な関わりから、理由を知る大切さ

　歯磨きを例にあげます。目の周りとともに、口のなかは触覚が敏感です。太ももやお尻の何倍も過敏です。目の周りや口のなかは過敏なだけ、生きていくことに重要な働きを行っています。

　食事をするということは、命に関わることでもあります。今はほとんどなくなりましたが、昔はお米のなかに小さな石が交じっていることがありました。それが口のなかにあると、異物として検知します。そして吐き出します。魚の骨なども異物として感じます。食べられないもの、食べない方がよいものは体に入れないようにです。

　口腔内は、触覚が過敏なので、歯ブラシはいやな刺激となります。そのために、歯が生えてくるかこないかのうちから、親は子どもに、指や刺激の弱い歯ブラシを使って「歯磨き」の練習をします。歯ぐきに触られることに、子どもが慣れるようにするためです。これは感覚を鈍くするために行います。次の段階は習慣です。食事の後に、歯磨きすることを身につけられるよう習慣化することで、歯磨きへの心理的抵抗を減らします。

　3歳前後になると、子どもは「なんで歯磨きするの？」と聞いてきます。「虫歯にならないように」と答えると、「なんで虫歯になるの？」とさらに質問してきます。「ばい菌がいっぱいになるの」と答えても、納得しなければ、何度でも質問してくるでしょう。親は大変ですが、このやり取りは重要で、この会話で子どもは、歯磨きをする理由を深く理解します。この学習が、5、6歳になると「歯磨き＝虫歯にならない」という一般的な知識と結びつきます。こうなれば、歯磨きをしないではいられなくなります。

　歯磨きを一つの例としてあげましたが、こういうことが子どもの毎日の生活にはちりばめられています。応答的環境がなければ、子どもは理由を学べません。人がどうして話をしたり、行動したりするか、その理由がわかりません。

　「なんで」と聞かない、その結果、理由がわからない子には、質問するよう促し、丁寧に教える必要があります。

情動と記憶

　うれしかった、楽しかった、面白かったなどの気持ちを伴う思い出は、強く残ります。怖かったなどの思い出も同じです。記憶する時には、情動が影響することがわかっています。

　記憶された内容は、繰り返し思い出されることもあるでしょう。思い返すことで、楽しい思い出を作るにはどうしたらいいのかを考えることもあります。怖かったことを回避する方法も思いつくかもしれません。情動によって記憶されたことが、思考や行動のレパートリーを広げることに役立ちます。

情動はコントロールする必要がある

ことばの発達とともに、情動反応からことばを使った感情表現ができるように、大人は教えていきますが、情動もコントロールできるように伝えていく必要があります。

成長と情動の分化

　赤ちゃんとして生まれた頃は、「快─不快」で物事を判断しています。不快な時には、泣いて訴えます。それが徐々に、分化していきます。この時期は、まだ自分の気持ちを表現できませんから、大人が観察して類推します。1歳半くらいになると、自分の母親のひざにほかの子が座ると、押しのけて邪魔します。この姿は嫉妬の表れとされます。

　この時期、子どもは「自分」という意識が出てきだすとされ、「自分でやろう」とするようになります。「自分」という意識が出てくるとともに、自分の気持ちにも気づくようになるとされます。そして、自分の気持ちを表現するようになります。

　また、知らない言葉を真似して発音するようになります。自分から指差しをしながら、「アッ、アッ」と声を出し、ものの名前などを教えてほしいと催促します。

　ブリッジスという研究者は、感情の分化と発達について、誕生した赤ちゃんは未熟な興奮の状態にあるとしました。

　3か月頃から、「快」と「不快」の二つのカテゴリーに分かれていきます。
「不快」からは「苦痛」が生まれ、6か月頃には、「恐れ」「嫌悪」「怒り」が見られるようになります。その後、1歳半ばくらいから「嫉妬」が見られだします。
「快」からは、12か月頃に「うれしさ」が生まれ、そして「得意」「愛情」が芽生えてきます。18か月になると、「大人への愛情」と「子どもへの愛情」が見られるようになります。同じ頃に「喜び」を示すようになります。

　2歳までに、主な感情が生まれます。ただ、ブリッジスの研究は1932年のものです。現在は、主な感情は生後1歳前までには分化するとも考えられています。

情動とコントロール力

　赤ちゃんの時には泣いて訴えていた子が、5、6歳にもなれば泣かずにことばで自分の要求を伝えることができるようになります。

　ことばで表現することによって、自分がしてほしいことなどを、ある程度正確に伝えられます。さらに表現力が増してくれば、自分の気持ちなどを入れて相手に的確に伝えることができるようになります。

　情動・感情のコントロールができるようになるのが、成長のあるべき姿といえます。ただ、本人の問題だけではなく、環境の影響を受けている場合もあります。ことばが十分に発達する前は特に情動反応が強く出て、手あたり次第ものを投げたりするような場合には、大人が単にしかるのではなく、「手はおひざね」などと、子どもが自分の意識を動きに向けられるようなことばをかけるなどします。

　情動のコントロール力が十分に育っていない子どもは、何が欠けているのかを分析する必要があります（欠けている力については、p.45の「情動のコントロール力を見るには」をご参照ください）。

情動・感情のコントロールは 一生の課題

　自分の気持ちをコントロールするのは、必ずしも簡単なことではありません。情動は、反射、反応のシステムともされ、十分に考えて行動するというものではありません。思考を通さずに起こるものです。

　情動・感情のコントロールは、人にとって一生の課題ともいえます。それは幼児期から始まる旅でもあります。

情動は人を結びつける

不機嫌から情動をコントロールできずに泣いたり騒いだりしていると、友達ができにくくなる一方で、
楽しさや喜びの共感から生まれる情動反応は、仲間を結びつけます。

好きなものと共感

　先日、入学して4か月目の小学校1年生の授業を見学しました。絵本の読み聞かせの授業でしたが、
読み手の方がじょうずだったこともあり、子どもたちは落ち着いて見、聞いていました。立ち歩きや
おしゃべりをすることもありません。絵本の世界にとけこんでいるようでした。

　園では、3歳前後から絵本の読み聞かせに集中する子が目立ってきます。最初の頃は、多数の子ど
もが、同じ絵本に興味を持つ姿が不思議でした。子どもの興味・関心は、ひとりひとり違うだろうと
思ったからです。しかし、同じような発達段階、似たような理解レベルであれば、一つの絵本に共通
の関心を持つのだろうと思うようになりました。

　年齢が上がるにつれて、絵本の内容は難しくなりますが、同じように集中して聞くようになります。
「楽しかった」「ドキドキしたね」など、互いに感想を言い合ったりします。絵本をみんなで楽しむ気
持ちは、小学校1年生の姿につながっています。同じものに興味・関心を持ち、共感し合う仲間たち
がいるからです。

不機嫌な子ども

　しかし、なかには仲間と一緒に絵本の読み聞かせに参加できない子もいます。そういう子は、不機
嫌そうな表情を浮かべていたりします。不機嫌の背景には、睡眠時間が十分ではない、おなかがすい
ているといった生理的な要因が影響しているかもしれません。あるいは、内容が難しすぎてついてい
けないこともあるでしょう。逆に、簡単すぎて興味が持てない場合もあります。

　理由が何かはわかりませんが、大人は、子どもが学校教育についていけるのかが心配になります。
皆と同じものに、興味・関心を持てないことで、集団での教育に乗れない可能性があります。特に不
機嫌が強く、泣いたり騒いだりして反応する子どもに対しては、情動をコントロールするよう伝えて
いくとともに、不機嫌の原因を解決できるよう、大人が一緒に考えて対応する必要があります。

嫌いということば

子どもは「嫌い」ということばをあまり使いません。「嫌いかもしれない」「嫌いな時もある」という表現が多いようです。嫌いと言われれば、相手はとても傷つきます。その破壊力を知っているから、ほかの子に対して「嫌い」とは言わないのでしょう。逆にいえば、「嫌い」と言う子は要注意です。周りの子と距離ができる可能性があります。嫌いということばは、安易に使わせないようにしましょう。

情動のコントロール力を見るには

情動のコントロール力には様々な要因が関係しています。ここでは、幼児期に注意したい行動をあげます。もしも、年齢にふさわしくない行動があれば、未熟といえます。以下のような姿が見られる場合には、できるように教えていく必要があります。

- ☐ 待てない（自分の行動をコントロールできない）
- ☐ 「手はおひざ」ができない（静止状態がとれない）
- ☐ 自分の気持ちをことばで表せない（うれしい、楽しい、悲しい、寂しいなど）
- ☐ ほかの子に乱暴する、「バカ」など悪口を言う
- ☐ ほかの子からの言動を、被害的にとらえる
- ☐ 「すごいね」「できたね」といった、人からの承認を喜ばない
- ☐ 自分なりの目標を立てられない（「〜を作る」「〜をがんばる」など）

情動とことば

9か月頃に、子どもが大人と同じものを見ながらことばなどを学ぶ三項関係が成立してくると、大人とコミュニケーションを取るなかで共感が生まれ、ことばを獲得していきます。

情動と、感情のことばの獲得

子どもは「楽しい」「好き」「怖い」「悲しい」ということばを、2歳台になると使いだすようになります。ルイスという心理学者は、情動について出生後まもなく出現し、表情として観察可能なものを「一時的情動」としました。一方、自己意識が目覚め、それが関与するものを「二次的情動」と分けました。

＜一次的情動＞
（生後半年頃から見られだすもの）

充足した情動は、喜びへとつながります。

子どもの興味は、驚きを伴うようになります。

また、苦痛は、悲しみや恐れ・怒りへと分化します。

1歳後半には「自己意識」が成立し、それが、てれ、羨望、共感などを生むとされます。

＜二次的情動＞
（2歳半〜3歳頃から見られだすもの）

子どもは、基準やルールを理解しだします。

それに対して、当惑、誇り、恥、罪悪感などの気持ちを持つようになります。

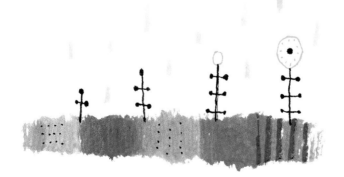

親子で会話しながら
子どもは感覚の共有と
その表現法を体得していく

語彙と環境の関係

　p.40で応答的環境の重要性を紹介しました。幼児期前半の応答的環境が希薄で、いろいろなものの名前を学ぶことのなかった子どもがいます。こういう子は、自分の身近にあるもの、いるものの名前を知らないことがあります。

　ひまわり、ばらや、かたつむり、だんごむしなどの名前も同様です。ひとつひとつは知らないので、「花」「虫」と話したりします。きゅうりやにんじんなど、野菜の名前を知らない場合もあります。親と一緒に料理をするなどの体験がない可能性があります。台所にある道具の名前も、知る機会がないのでわからないのです。

共有する感覚

　人は物事を対の概念で理解するとされます。例えば、「大きい─小さい」「高い─低い」「重い─軽い」というように物事をとらえます。そして、「このボールは大きいね（小さいね）」、「あの木は高いね（低いね）」、「このバッグは重いね（軽いね）」というように判断します。

　天気もそうです。「今日は暑いね」と話せば、似たような感覚の人であれば、「暑いね」と返してくれるでしょう。どうして似たような感覚になるかといえば、例えば親子で、「今日は暑いね」「うん、暑いね」という会話があります。子どもはこのなかで、「これくらいが暑いというのか」と学びます。こういう体験を繰り返しながら、感覚の共有とその表現法を体得していきます。親子の会話が少ないと、感覚の共有、共感が起こりにくくなるように感じます。

　ネグレクトを受け続けた子に、「今日はいい天気だね」と話しました。彼は「いい天気」ということばに、反応しませんでした。親から、「いい天気だね」と話しかけられてこなかったので、それがどういうものを意味するのかわからなかったのでしょう。

　日常のありふれた会話ですが、そこで共感が生まれれば、信頼へとつながることもあります。人との信頼関係を結ぶためにも、ありふれているように思える会話でも、大切にしていきたいものです。

幼児期の共感性と情動への配慮点

日々の生活のなかでは、大人が子どものやることに共感し、配慮することで、子どものマイナスの情動的な反応は抑えられることがあります。

一緒に暮らした体験

ある保育園の園長から、保育園で0歳から一緒に生活していた子どもたちは、卒園した後も長い付き合いをする子が多い、と聞きました。このことを実感するようなエピソードも、複数聞いたことがあります。ことばを話せない時期から、一緒に暮らしながら、子どもなりに互いに「共感性」を養っていたのでしょう。

子どもは、1歳の頃から泣いている子を見たら体を触ったりして、慰めるような姿を見せます。また、いじめる子をいやがったりもします。道徳は6歳前後から芽生えるといわれていましたが、善悪についてはもっと早く、1歳台から芽生えることがわかってきました。

ことばの前の共感性

これまでの赤ちゃんの研究で、思わぬ能力があることがわかってきました。例えば、赤ちゃんは大人が舌を出すと、自分も舌を出します。自分の体についての知識はなくても、動きの模倣ができます。

生後8か月頃から表れる姿に、「人見知り」があります。親しい人（親）と、そうではない人を見分けているから起こるとされます。人の顔の識別には、顔の細かいところを見分ける能力が必要です。それができるようになったから、「人見知り」が生まれるともいえます。

ことばを言えるようになるためには、舌や唇をうまく動かせる必要があります。無意味な音のように聞こえますが、「喃語」の時期は発語の助走期間といえます。

さらにことばがわかり、使えるようになってからは、子どもはいろいろなことを学び、感じています。

大人側の配慮

　おもちゃを取られたりあそびを邪魔されたりすると、反射、反応的に、子どもは情動的になると述べました。泣いたり騒いだり、乱暴することもあります。子どもの情動のコントロール力に期待するだけではなく、大人の側にも必要な配慮点があります。

●しっかり「○」を伝える

　大人はつい、よくなかったことに目が向いてしまいます。そればかりでなく、できることは当たり前ととらえて、特に反応しないこともあります。

　子どもたちは大人が思っているよりも、自分で判断して動いているかもしれません。ただ、生まれて数年の人生のなかでは間違えることも多々あるでしょう。間違えたことを教えていくのと同じように、正しいことをしているよ、だいじょうぶだよというメッセージを伝えることで、子どもたちの情緒は落ち着きます。そして、それが苦手なことへ向かわせてくれる力にもなっていきます。

●笑顔で接する

　「和顔愛語」という仏教のことばがあります。人には笑顔と、やさしいことばかけを心がけるという意味だそうです。もちろん、子どもが危険なことをした時や、ちゃんと注意をしなくてはいけない時には、笑顔では通じないかもしれませんが、普段は笑顔を心がけると、子どもの気持ちも穏やかになるでしょう。

●やさしい声で話す

　激しく、とがったような甲高い声は子どもの気持ちを緊張させ、情動的な反応が出やすくなります。やさしい声も、子どもの緊張を和らげるでしょう。

●タッチング

　文化の違いで、タッチングを自然にする習慣がない国もありますが、日本では、大人が子どもの体によく触ります。タッチングには、リラックス効果があります。

子どもたちには笑顔でやさしいことばかけをしよう！

●聞こうとする姿

p.36でふれた「ユマニチュード」は、「見る」大切さを教えてくれています。聞く姿勢も同じような効果を持ちます。子どもの目を見ながら、話を聞いていることを伝えます。

●コントロールを促すことばかけ

情動反応が出て、自分の行動をコントロールできない場合は、「静かにね」「だいじょうぶだよ」などのことばをかけます。

●数える、時間を決める

区切ることによって、情動反応をコントロールします。「10回やったらおしまい」「長い針が6になったら、始めよう」など、数を使って見通しをつけられるようなことばをかけたり、我慢を促したりします。

このほかにも、仲間の励ましや、仲間の存在に気づけるようにすることも有効です。仲間の一員になっていることで、子どもの気持ちに安心感が生まれます。

マイナスの情動を引き出しがちな、大人の対応

　大人の関わり方や考え方が、マイナスの情動を引き起こし、拒絶的な行動を生み出すこともあります。時には乱暴や、泣き叫びにつながっていくこともあるでしょう。

　子どもは本来、世界のいろいろなものに驚き、様々なものを発見し、喜ぶといったプラスの情動が強い存在です。もちろん、マイナスの情動は、自分の情動をコントロールできるようになるために必要な機会でもあります。ですからすべて否定していいものではありません。子どもは成長の過程にあり、時には怒りで涙を流しながら、様々な体験を積み重ねて理解を深めていきます。

　大人が以下のような関わり方をしていないか、見直してみましょう。

●子どもの行動を、力ずくで止める

子どもの欲しいものを取り上げたり、やりたいことを強引に止めたりすると、情動的な反応を引きだしやすくなります。もともと、情動反応を引きだしやすい関わり方といえます。やめさせたい時には、間を置きながらゆっくりと関わります。

子どもは自分のやりたいことを止められると、泣いたり騒いだりするかもしれません。一方で静かに大人の指示に従えば、子どもは「お兄さんだね」「お姉さんだね」と褒められます。褒められながら、社会に受け入れられる振る舞い方を学ぶともいえます。社会化されるためには必要な情動反応でもあります。

● 子どもの思いをくみ取っていない

子どもには自分でやりたいことがあります。その思いを全く無視して何かをやらせようとすれば、子どもが怒っても仕方がありません。

子どもは、ことばの力が未熟です。そのために、自分の思いをうまく表現できません。特に自分の思いを「だって〜」「だから〜」というように、理由をつけて表現できるようになるのは4、5歳以上にならないと難しいようです。子どもの思いを、「〜したいんだね」「〜が欲しいんだね」など、代弁することも大切です。そうやって、表現の仕方を教えます。

● 子どもを乱暴に扱う

1歳の子どもが、弱い動物が強い動物からいじめられたり乱暴されたりする絵などを見ると、強い動物を忌避するようになるそうです。「乱暴＝悪いこと」という善悪の道徳判断ができるようになると、「乱暴する人＝悪人」と認識される可能性があります。それが1歳から感じだすとされています。子どもは自分で自分の身を守れないので、乱暴などに敏感でも不思議ではありません。

急な動き、強い接触は、子どもの警戒心を引きだす可能性があるので、子どものペースに合わせた関わり方が必要です。

● 子どもの様子を観察して対応していない

自分で表現することがあまり得意ではない子は、やりたいこと、その理由などをじょうずに伝えられないので、その子なりの思いや考え方を尊重することが求められます。大人は子どもの様子を観察し、その内面を推しはかる必要があります。時には、子どもの思いを受容し、要求をかなえることもあるでしょう。そのことで、子どもは大切にされているという実感を持つでしょう。

● 感情的、威圧的に伝える

子どもたちはたくさんの失敗をしながら成長していきます。それはとても大切なことで、そこから学ぶことも多いでしょう。しかし、幼いうちは失敗した後にどうしたらいいかがわからずに混乱することもあります。時には大人が解決策を教え、リードする必要があります。

大切なことを伝える場面で、感情的、威圧的に伝えると、子どもたちはその大人の感情の方に気を取られてしまいがちです。感情は伝染するともいわれます。スポーツ観戦で、観客が一丸となって応援する姿には、感情の伝染しやすさが表れています。

感情的、威圧的な伝え方は、子どもにとっては恐怖でもあるでしょう。結果的に、萎縮させてしまうことにつながりかねないので、大人には冷静さが求められます。

非認知能力を育てるには

非認知能力は、人として生きるのに必要な力です。文字や数の能力は数字で表すことができますが、非認知能力は、数字では表しにくい能力です。しかし、子どもが身につけるべき能力です。

目標を発見する、目標を立てる

　例えば砂を見たら、子どもは触りたくなります。砂を手でつかみ、こぼしてあそんだりします。スコップなどがあれば、砂を掘ったり山を作ったりするでしょう。

　この時、子どもは「○○をしよう」と考えて行動しているわけではありません。砂があそび方を自然に子どもの心に浮かばせる、こういった心の働きを「アフォーダンス」と呼ぶことがあります。

　このアフォーダンスですが、椅子を見れば「座るもの」と理解します。コップの取っ手を見れば、自然につかみます。人は、ものの意味や使い方を読み取ろうとしているとされます。子どもも同じで、小石一つにも、小枝1本にも興味を持ち、観察したり動かしたりします。

　積み木を使ってビルを作る、絵の具で絵を描くといったことを、ことばで目標にできるのは4、5歳からです。しかし、それよりももっと前に、もので無意識にあそぶ時代があります。発見し、喜びを見出すこの時代こそ、非認知能力の基礎の力を養う時期になるだろうと思います。

やり方を考える

　例えば、滑り台のあそび方ですが、ほかの子たちが階段を上り、滑り降りる姿を見て、やり方を理解します。そして、自分で実行します。子どもは驚くほど根気よく、繰り返し滑り降りてあそびます。繰り返すなかで、自分の体の動かし方を学んでいることでしょう。

　そのうちに、頭から滑り降りたり、自分流のやり方を試したりもします。ほかの子が、それまでとは違う滑り方をすれば、それを真似したりします。あそび方に工夫を加える力が身につきます。

　滑り台でのあそび方を見ていても、子どもは思考の柔軟さを獲得しているようです。このことが、ゆくゆく必要となる「やり方を考える力」へとつながるのでしょう。

　よく、「あそびこめる子どもに育てる」ことが大事といわれます。あそびこめるとは、あそびに柔軟に、持続的に取り組めることを示しています。このようなあそび方を通して、子どもは考える力を育てるに違いありません。

やり抜く

何かをやろうと決めて、それを実現するためにはいくつかの要素をクリアする必要があります。

●集中力と持続力

まずは、何をやろうとしているのかを、しっかりと意識し続ける必要があります。子どもたちのなかには、あそびが持続せず、目に留まったものに次々と気を奪われ、注意散漫となりがちな子がいます。こういう子の場合は、注意がそれるようなものを、周りから減らす必要があります。
極端に気が散る子の場合は、つい立てを置くなどして視線をさえぎり、周りに注意がそれないよう、刺激を減らした場所であそべるようにするとよいでしょう。
やろうと思っていることを、頭のなかで持ち続ける持続力も大切です。持続力に欠ける子には、絵や写真などでやるべき課題、目標を「見える化」することも必要です。

●抑制力

子どもは4歳頃から、自分のあそびに集中できる力が高まります。また、持続力も高まります。周りの刺激に気を奪われることが減り、自分のあそびに集中するようになります。自分にとって必要な刺激のみに反応する選択的注意力は、学習するうえでは欠かせない能力です。

●見通しを持つ

目標に向かって何かをやっている時には、見通す力も大切となります。この見通す力が弱い子の場合は、手順表を作る、作り方を具体的に教えるなどの工夫が必要です。

●結果を判断する

できたかどうかを判断する力も必要です。できた時には、「できた！」と言うように促し、言えたら褒めましょう。

立ち直る

子どもは、じゃんけんに負けると、「もう一回」と言ったりします。負けたからといって、しょげたりしません。なわとび、鉄棒、自転車に乗るなどは、子どもにとって簡単なことではありませんが、何度も失敗しながら、あきらめることなく再挑戦していきます。
この立ち直る力（レジリエンス）があるから、子どもは失敗してもめげることなく、できるようになるまでがんばれます。

感情をコントロール
するのに役立つ活動

家庭や園での生活のなかで、子どもは人と関わり、自分の感情をコントロールできるようになっていきます。ここでは、簡単にできる運動とお手伝いの具体例を取り上げ、解説します。

　感情をコントロールする力には、抑制力が含まれます。赤ちゃんは、自分の感じたまま、笑ったり泣いたりして、快・不快を表現します。それが成長するにつれて変化していきます。自分の感情を抑え、様々なあそびを展開し、課題にも取り組めるようになります。6、7歳になると、泣くことを恥ずかしいと思うようにもなります。

　子どもの抑制力には、すべての活動が影響していると思われます。絵本の読み聞かせ、運動、製作や創造活動、散歩、園庭でのあそびなど、何かを実行し、やり遂げるためには抑制力が必要です。

●運動

ここでは、動きを抑制しながら行う運動を取り上げました。スポーツ選手のように、筋力や持久力をつけることが目的ではありません。調整力や協応力といった、体の総合的な力を高め、日常生活を円滑に進めるための基本の力を育てることを目指しています。

運動を通して、相手を意識し動くことを学びます。人数が増えれば、集団に合わせて動くことができるようになります。

そして、人の話をよく聞く必要があります。話を聞かないと、求められている動きがわかりません。人を意識し、よく話を聞き、じょうずに真似ること、これらは何かを学習する時に必要な力でもあります。

●お手伝い

お手伝いには準備、「本来の作業」、後片付けの過程があり、おおむねやり方が決まっています。時間も決められていることが多いでしょう。幼児の場合、配ぜんでいえば、テーブルの上に食器類を並べる部分だけを行うことが多いようですが、運んだり、家庭では食器を洗ったりふいたりといったところまでを手伝えるとよいでしょう。毎日確実に実行するなかで、お手伝いは身についてきます。

お手伝いのよい点は、人の役に立ち、感謝されることです。子どもは人から感謝されることで、自分を肯定的にとらえることができるようになるはずです。「ありがとう」と言われれば、子どもの心には温かいものが生まれるでしょう。

感謝されると、物事に取り組む際に子どもの意欲が高まるので、やりとげたいという気持ちも強まります。

] 手をつないで散歩

活動の意図

手をつないで歩くことで、相手の動きを自然に予測できるようになります。相手の急な動きの変化には、自分の体を相手に合わせて動かす必要があり、相手が転びそうになった時には、対応が必要となります。人の動きに気を配る力は、ほかの子と同じように動いて演技する運動、踊りなどの基礎の力になるでしょう。

保育者と一緒に歩く　　1歳〜

大人が体を触りながら歩くようにします。転びそうになった時には、サポートします。相手に合わせて手をつなぎながら歩くのは、社会性の発達の姿でもあります。

子ども同士で歩く　　1歳後半〜

ほかの子と手をつないで歩けるようになるのは、2歳前後からです。少し難しいながらも友達と一緒に歩けた時は、うれしそうな表情を浮かべるでしょう。手をつないで歩くのは、仲よしになる第一歩でもあります。一緒に歩けて「楽しいな」という気持ちを大切にします。

ポイント

- ●子どもが目標を意識できるように、「そこまでがんばって歩こう」と励まします。
- ●スピードが合わない時には、子どもに合わせてゆっくり歩きましょう。
- ●一緒に歩きながら、目に留まるものがあれば話しかけます。
- ●楽しい気持ちを「楽しいね」のことばで表現し、よい思い出にしていきます。

2 ボール転がし

活動の意図

ボールに合わせて、身のこなし方や力の入れ具合を意識してあそびます。ねらった場所にボールを転がすのは簡単ではありません。勝手に転がるボールを相手に、子どもは自分で考えて、対応する必要があります。

二人でボールを転がし合う　3歳〜

3歳くらいで両手投げ、上手投げができるようになります。さらに相手を意識する、相手の動きを予測することもできるようになってくるので、2〜3mくらいの距離で、転がし合うことから始めるとよいでしょう。

二人でまっすぐボールをけり合う　4歳〜

2歳前後からボールを前にけることができるようになります。目標にめがけてけるのは4、5歳くらいから。2〜3mくらいの距離で、まずは保育者とけり合うとよいでしょう。

ボールをけりながら、木などの周りを一周する　5歳〜

おおむね5、6歳頃からできてきます。回りながらけるには、子ども自身が工夫しないとできません。そうすることで、調整力が身につきます。

ポイント

● 「○○ちゃんのところだよ」「よく見てね」など、目標を伝えることばかけをします。

● 強くけると、相手の方向に行かないことがあるので、「ゆっくりけろうね」と伝えましょう。

3 二人でボール運び

> **活動の意図**
> ボールを二人で運ぶには、相手のペースを考え、体の動きをコントロールしながら進まないと、思うように運べません。時には自分だけ先に行こうとしたり、別の方向に行こうとしたりといった姿も見られるので、自分との我慢比べでもあります。

行い方 5歳〜

❶ 4〜5mの距離でスタートとゴールを決めます。
❷ 二人で向かい合って、ボールをおなかに挟み、両手は相手の肩を持つようにします。ボールを落としたら、その位置からやり直し。慣れてきたら、スタートからやり直すようにしてもよいでしょう。
  2グループに分かれて競争すると、盛り上がります。

> **ポイント**
> ● ボールを落としたり、転んだりしそうな場合は、ゆっくりとやるよう声をかけます。
> ● 相手とペースを合わせられない時は、「いち、に」「右、左」などと、二人のかけ声と足の動きを合わせるように促しましょう。
> ● 2組以上で競争する場合は、勝ち負けにこだわらず、ほかの子を応援するように促します。

4 線を意識したあそび

活動の意図

線が持つ意味を理解してあそびます。例えば駅で「白線の後ろに下がって」と言われ、子どもが意味を理解しだすのは2歳台です。線を意識しだすと、走りだす前に線に並ぶこともわかるようになります。

線の上を歩く　2歳後半〜

3歳前後から、かけっこの時に線を意識できるようになります。15cmくらいの間隔で線を引き、そこを歩きます。5〜6mの距離からやってみましょう。

5、6歳になると、ジグザグに歩くことも楽しめます。

中当て　4歳〜

ボールを投げる、よける、捕る動作で、協応力が養われます。投げ受けができるようになる4歳くらいから楽しめます。

円を描き、2〜4人ずつ、内と外に分かれ、外側の子が内側の子を狙ってボールを投げ、当たったら外に出て応援します。

ポイント

● 子どもが線を意識できるように、気がつかない子には、「線を踏んでいるよ」「線から出ちゃったね」などと声をかけましょう。線は、スポーツにとってはなくてはならない役割を持つものです。野球、バスケットボール、テニスなど、スポーツは線を意識したルールで、勝ち負けが競われます。その第一歩が中当てなどでの、「線から出ない」という理解から始まります。

5 風船でパス

活動の意図

ボールを投げたり風船をたたいたりするには、ひじを曲げ、後ろに引いて、手を振りだすという一連の動きが必要になります。この動きを行うことで、手首やひじの関節の動きが豊かになります。また、柔らかくて割れやすい風船を扱うには、力加減のコントロールも必要です。

二人で打ち合う　2歳〜

まだ体を後ろに引く動作は難しいので、両手で風船を持って、顔の前あたりからたたいてパスしてみましょう。最初は1mくらいの距離で、保育者と打ち合います。
じょうずにできるようになったら、友達同士で行うとよいでしょう。

数人で打ち合う　4歳〜

慣れてきたら、3人、4人と数を増やします。保育者が入って最初に風船を打ち、子どもは保育者に打ち返す、というルールで進めるとやりやすいでしょう。
4歳くらいから手を後ろに引き、体をひねることができるようになってきます。そうすると、スピードが増し、風船の飛ぶ距離も伸びてきます。

先生の方に打つよ

ポイント

● 風船は扱いにくいので、思った方向に行かない場合は、距離を短くします。両手で投げることからやってみるとよいでしょう。
● 風船を見ながら動いて打つのは難しいので、椅子に座って行ってもよいでしょう。

6 ペンギン散歩

活動の意図

運動には、「動」と「静」の動きがあります。立ち止まることは「静」の動きです。子どもの動きは「動」が目立ちますが、「ペンギン」は足首を結ぶので、自分の体を思い通りに動かせません。立ち止まることも必要で、慎重に動くことが要求されます。ふだん落ち着きがなく、動きの激しい子が「静」の動きを感じることができるあそびです。

行い方　4歳〜

足首を鉢巻などで結びます。重心を右足と左足、交互にのせながら、床を足の裏全体で踏みしめ、少しずつ歩きます。5〜6mの距離でやってみましょう。かかとは浮かせないように注意します。慣れてきたら、競争してもよいでしょう。

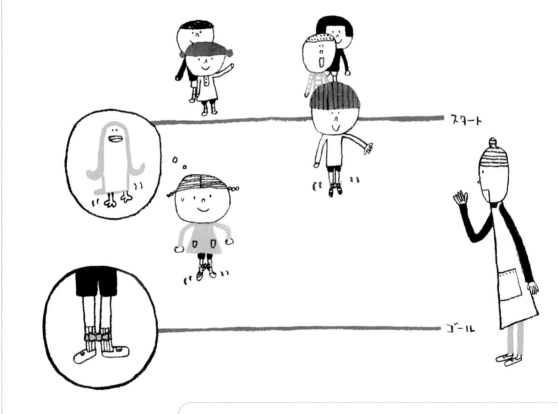

ポイント
- 鉢巻をきつく結ぶほど歩幅が狭くなるので歩きにくく、難易度が上がります。最初は緩めに結びましょう。
- スピードや歩幅のコントロールがうまくいかないと、バランスを崩したり、ジャンプして進もうとしたりする子が出てきます。その場合は、保育者が向かい合わせに立って、やり方を見せるとよいでしょう。

7 往復お皿運びリレー

第2章

感情の世界

活動の意図

ターンする際に、体をひねるなどの動かし方がうまくなり、静止動作がとれるようになります。また、競争するなかで敏捷性を高めますが、速いだけでは往復できません。スピードを調整する必要があり、その力を育てます。

行い方　5歳〜

❶5〜6mの距離をとって机を二つ置き、スタート地点側の机に紙皿を人数分置きます（3人なら3枚）。

❷子どもは紙皿を持ってもう一方の机まで走り、机に紙皿を置いてスタート地点に戻ります。
何チームかに分けて競争すると盛り上がります。

ポイント

● 4歳台から子どもは勝ち負けを意識しだすので、競争するゲームは特に子どもの意欲を引き出しやすいです。

8 大きいものを運ぶ

活動の意図

大きくて重い机や椅子を抱えて運ぶのは、子どもにとっては大変ですが、自分の成長を感じられることでもあります。こういう体験を通して、自分の体のイメージや動かし方を理解していきます。

椅子を運ぶ・並べる　　3歳〜

　3歳くらいになると、椅子を指定された場所に運んだり、移動したりといったことを手伝えるようになります。

机を運ぶ　　5歳〜

　5歳くらいになると、二人で一つの机を運ぶことができるようになります。相手の動きに合わせて、一緒に動かします。

ポイント

- いつも決められた位置に置けるよう、テープなどで位置を示しておくとよいでしょう。
- 慌てると転ぶことがあるので、子どもの動きをよく見ておく必要があります。
- 相手とペースを合わせられない時は、「二人でボール運び」(p.57)のように、「いち、に」などと、かけ声と足の動きを合わせるように促しましょう。
- 子どもの力に合わせて、運ぶものを変えます。5歳では、コットなどの出し入れも手伝えるでしょう。

9 配ぜんする

> **活動の意図**
>
> こぼさないように運ぶ、バランスをとりながら周りにぶつからないように体の動きを考えるなど、注意深く行動することを学びます。子どもにとっては、誇らしげにでき、積極的に取り入れたいお手伝いです。

食器を並べる・片付ける　3歳〜

手をよく洗い、エプロンをつけるなど、清潔にします。
はしや皿などは、いつも同じ位置に置きます。
5、6歳になれば、係としてお茶を配ったりすることなども行えるようになります。

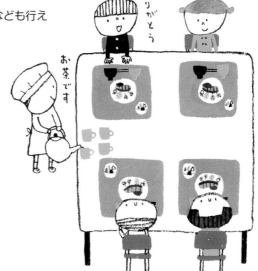

> **ポイント**
> - ●配ぜんする前に、邪魔なものは片付けておきます。
> - ●ほかの子が配ぜんしている時は、近寄らないようにことばをかけます。
> - ●テーブルに並べる食器などは、子どもにわかりやすいように、最初は見本を用意するとよいでしょう。

column 大人の仕事に気づく

　子どもは3歳くらいになると、レストランなどで配ぜんする人に目を向けだし、何をしているのか、質問したりします。大人の仕事、働くことに興味を持ち、いろいろな仕事があることに気づきだします。そして4歳台になると、「大人になったらどんな仕事をしたい？」と聞かれた時に、答えられるようになります。

10 テーブルをふく

活動の意図

縦線を真似して引けるようになると、2歳後半くらいから「テーブルをふく」ことができるようになりますが、「テーブルをふいて、はじでふきんを止める」という連続した動きができるようになるのは5歳前後です。この「動きを止める」ことがねらいでもあります。

行い方 4歳後半～

ふきんをテーブルに置き、手を広げて押さえます。そして、テーブルをふき、はじでふきんを止めます。

じょうず〜

ここでピタッ

ピタッと止めるよ

ポイント

- 「ピタッと止めるよ」と、オノマトペを使って簡潔に伝えるとよいでしょう。子どもには、「ピョンと飛ぶよ」「ふわりとね」といった、擬音・擬態語で指示した方が理解しやすいことがわかっています。また、こういったことばを使うと習得も早く、忘れにくいとされます。

column きちんと止める

　子どもたちがホールをぐるぐると走って回ります。3歳ではまだ規則正しく走ることはできません。気体のように、バラバラな動きになります。だからぶつかったりします。

　それが4歳になると、子ども同士で一定の距離を置き、ぶつかることも減ります。動きが液体的に見えてきます。4歳後半では、台ふきで手を止められるようになります。

　5歳になると、動く際のルールがはっきりとし、ルールを意識して動いていることがわかります。ぶつかることもなくなります。全体の動きを制止できるようになり、「だるまさんがころんだ」ができるようになります。自分の体を意図的に止められるようになり、走りながら急に体を止めることもできるようになります。

11 洋服をたたむ

活動の意図

ものをたたむことで、形の違いに気づきます。角と角を合わせること、洋服ではそでや襟など、細部を見ながら、たたんでいく必要があります。ものを見る力が身につき、指先などのコントロール力もつきます。

行い方 2歳〜

たたみやすいものから始めます。
ハンカチ（2歳前後）→ズボン・靴下（3歳前後）→Tシャツ（4歳前後）といった順番です。

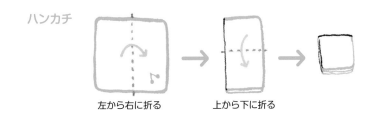

ハンカチ

左から右に折る　　上から下に折る

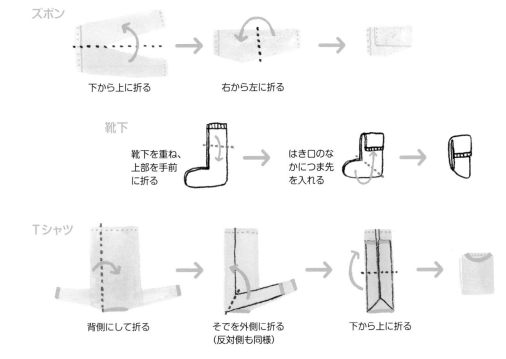

ズボン

下から上に折る　　右から左に折る

靴下

靴下を重ね、上部を手前に折る　　はき口のなかにつま先を入れる

Tシャツ

背側にして折る　　そでを外側に折る（反対側も同様）　　下から上に折る

ポイント

●表裏を意識できるようにことばをかけましょう。難しい場合には、表の方に印のボタンなどをつけるとよいでしょう。

12 植物の水やり

活動の意図

植物や動物の世話をすることは、子どもにとって大切な活動の一つです。水やりは2歳くらいでもでき、園で取り入れやすいお手伝いです。係（お当番）は生活の流れの一部として、3歳くらいから取り組めるでしょう。

係（お当番）として行う　3歳〜

植物の場合は、花が咲く、実がなるなどの成果が見えるので、子どもたちにとってはうれしい体験です。プチトマトやじゃがいもなど、食べられる植物を植えて育てる活動は、食べ物の大切さに気づき、食育にもつながります。

ポイント

● 苦手だったものも、自分で育てたから食べてみる、と意欲を見せる子や、「みんなで育てたから、きっとおいしいよ」という保育者のことばかけによって食べてみようとする子もいます。人間についても、水や栄養が必要なことを学びます。

● 子どもは細かい変化によく気がつくので、「葉っぱが増えた！」「花が咲いた！」と言ってうれしそうに保育者に報告しにきます。その時は、「ほんとうだね」「うれしいね」などと共感してこたえましょう。

第3章

気持ちの切りかえを
促すことば
25

「気持ちの切りかえを促すことば」とは

　最近、ほかの子に乱暴する子どもの相談が増えてきています。大人には、はっきりとした理由が思い浮かばないこともあります。乱暴された子も、当然何が起こったのかがわかりません。さらに、乱暴が行きすぎることもあります。感情をコントロールする力が不足しています。

　5、6歳になると、自分の感情をことばで表現できるようになります。例えば、「楽しいね」「怒るよ」「かわいそう」などと話しだします。ことばで表すことで、ほかの子との共感が生まれ、互いに理解を深めます。

　不機嫌で急に怒りだすような子は、自分の感情を表現せずに行動に出してしまいます。そういう姿を見て、この子は自分の気持ちがよくわかっていないのでは、と考えるようになりました。自分の気持ちがわからなければ、ほかの人の気持ちはわかりません。子どもに注意する時に、「たたかれたら、いやな気持ちになるでしょう」「大声で言われたら、悲しくなるでしょう」と話しても、自分の感情を表現できない子は、相手が「いやな気持ち」や「悲しくなる」ことを想像できないのかもしれません。

　自分の気持ちを理解できるよう、子どもに「今、怒っているよね」「悲しい気持ちかな」と、気持ちを想像しながらことばで伝えるようにしましょう。自分の気持ちに目を向かせ、それをことばで表せるようにしたいからです。

　「気持ちの切りかえを促すことば」は、自分の気持ちを理解し、コントロールする力を与えます。これらのことばを意識的に使って関わることで、子どもの気持ちは安定していきます。

　ここでは、「気持ちをコントロールすることば」「視点を変えることば」「理解力を高めることば」に分け、保育者が子どもにかけたいことばと子どもが自分で言えるようにしたいことばを紹介します。

気持ちをコントロール
することば

1 手はおひざ

誤飲という事故

子どもは、何が危険なものなのかがわかりません。お座りするようになると、近くにある硬貨、ふた、電池などを飲み込んだりします。誤飲事故は、生後10か月くらいに多く起こり、3歳台まで続くこともあります。

年齢が上がるにつれて、ことばが成長していきます。3歳前後になると、「食べ物」と「食べ物ではないもの」という違いを理解するようになります。こういう分類ができるようになることで、誤飲は減っていくのでしょう。

手はおひざね
今からお絵かきするよ

子どもは自分の動きを抑制できるようになっている

誤飲は命にかかわる可能性があります。子どもが硬貨などをなめている時、大人は「だめ」と注意します。そのことばを聞いて、子どもは自分の動きを止めます。興味・関心が向くものに対しても、「だめ」のことばを聞いて、自分の動きを抑制できるようになっているともいえます。

低年齢児には「だめ」と言う代わりに「手はおひざ」と言うと伝わりやすく、手をひざに置くことで、意識があちこちにいかなくなります。

9か月くらいには、大人が見ているものを子どもも見るという、「共同注視」という姿が表れてきます。大人は指差しをしたりしながら、「ワンワンね」とか「ブーブーよ」と子どもに話しかけます。三項関係が成立し、子どもは大人と同じものを見ることで、ことばを学ぶことができます。

また、1歳を過ぎる頃には、子どもは大人にやっていいかどうかを確認するような姿も見せるようになります。この社会的参照行動により、子どもは周りの大人に従う姿勢も獲得します。さらには、どのような振る舞い方が周りから求められているかを学びます。

自分の思いのままに動き回っていては、周りの人やものから学ぶことはできないでしょう。待つことは、子どもが学んでいくために必要な力です。「手はおひざ」にして待てるようになること、それは学習の第一歩といえます。

似た働きを持つ、そのほかのことば
「じっとね」「椅子に座ってね」「動かないで」「見るだけだよ」「触らないでね」

2 後で

観察学習の大切さ

　1歳半くらいから、子どもは「待っててね」がわかるようになってきます。大人が新しいおもちゃのあそび方を教えると、子どもはじっと見て、次に自分で真似てあそびます。

　幼い子どもは、新しいおもちゃを見つけたら、すぐにそれに飛びつくわけではありません。もしかしたら、そのおもちゃは危険かもしれないからです。子どもは危険でないことを確かめてから、実際のあそび方を学んでいきます。

　人のやることをよく見て、それを記憶し、自分で真似てやってみる、こういう学び方を「観察学習」といいます。観察学習の力が十分でないと、子どもは自分勝手にあそぶことでしょう。自分勝手にやれば、やり方を間違え、うまくあそべないかもしれません。そうすると、急におもちゃへの関心が薄れてしまいます。そして結局は、あそび方を学べないままとなります。

　観察学習がちゃんとできないために、適切なあそび方を習得できない姿は、落ち着きのない子によく見られます。こういう子に、観察学習の仕方を教えるためには、今すぐではなく「よく見てみようね」「後で」などとことばをかけて、おもちゃなどに触ることを教えます。

我慢し、待てる力

　子どもは、自分の欲求に素直です。今欲しいとなると、すぐにそれを欲しがります。心理学の実験で有名な「マシュマロ・テスト」というものがあります。4歳の子どもの目の前に、マシュマロを1個置きます。そして、15分間我慢したら2個あげると話し、子どもを一人にします。我慢すれば、マシュマロがもう1個もらえます。すぐに食べてしまう子がいる一方で、話を聞いて我慢できる子もいます。こういう子は、自制心、抑制力があります。

　その後、抑制できた子どもはどのように育ったでしょうか。我慢できた子は十数年後も自制心、抑制力は変わらず、学業成績もよいことがわかりました。

　「後で」と言われ待てる子は、素直な子ともいえます。この素直さは、何かを学ぶ時には必要な資質ともいえます。

うまくできたという体験

　待つことで、学ぶ力が増します。学ぶ力が増せば、物事をうまくやれる可能性が高まります。

　子どもはできるようになりたいと思っています。できるようになるためには、子どもが「できた」という成功体験を積めるように、大人の教える力、力添えも必要です。

似た働きを持つ、そのほかのことば
「待っててね」「もう少しだね」「もうすぐできるよ」

3 黙って聞こうね

見る、聞く、真似るは学習の3要件

　人の話を聞かない子には、「黙って聞こうね」と言いましょう。自分を主張するばかりではなく、人の話を聞くことを教えます。

　「小1プロブレム」ということばがあります。小学校に入学した1年生の気持ちが、授業に向かいません。そのために、椅子に座らずに立ち歩き、床に寝そべったりします。先生に話しかけ、授業が中断することもあります。急に不機嫌になり、その理由がわからないこともしばしばです。ある自治体では十数％の小学校で、小1プロブレムにあたる姿が見られると報告されたことがあります。

　この小1プロブレムは、「学習姿勢の未形成」が原因とする調査結果が出ています。学習姿勢とは具体的にいうと、先生の話をちゃんと聞き、やり方を細かく見て、じょうずに真似することです。これらのことが学習するには必要で、それが欠けると小1プロブレムにつながってしまいます。

　「黙って聞こうね」のことばかけは、学習姿勢を形成するのを促します。

小1プロブレムの悪影響

　小1プロブレムは、成長するにつれてマイナスの影響を与えます。小学校1年生の学習は、読み・書き・計算の基礎といえます。その重要なことを学ばないままに学年が上がっていけば、授業についていけなくなる可能性があります。現実に、そういう子がいるのは確かです。

生活習慣の未自立

　小1プロブレムは、学習姿勢の未形成のほか、もう一つの原因がわかっています。それは「生活習慣の未自立」です。

　自分で朝起きられない、朝の支度ができない、学校に行こうとしないなどが未自立の姿です。高校中退の理由にも、学力不足のほか、この生活習慣の未自立があげられています。不登校、引きこもりを変えるには、生活習慣を変えなければだめ、という専門家もいます。

　小さい頃から、睡眠時間を十分に取ること、自分で起きられる子になることは、将来の高校中退、不登校、引きこもりなどの不適応を予防する意味でも重要だといえます。

似た働きを持つ、そのほかのことば
「お口にチャック」「静かにしようね」「おしゃべり、ストップ」

4 これでいいよ

何がいい言動なのか

　赤ちゃんが生まれてくる世界は様々で、ことばも風習も違います。宗教も政治体制も多様です。この様々な環境に適応していくために、成長していくなかで、いろいろなことを学んでいく必要があります。

　乳幼児期は、何がよいことかがまだよくわかりません。自分が、人に何を求められているかを知りません。何を学び、人の期待にこたえられるかを学習しなくてはいけません。

　その学習すべきことを伝えるのが、何かを行った後に話しかける、「これでいいよ」のことばです。あるいは、やり方を教えた後の「これでいいよ」という確認のことばです。

自分の所属する社会での振る舞い方を学ぶ

　ネグレクト、育児放棄の問題は、栄養や睡眠などが不足し、身体的に成長できないことばかりではありません。子どもが、自分の話す内容や振る舞い方が、周りに「受け入れられることなのか、違うのか」を学べないことが大きいと思います。

　特定の人と情緒的な関係が築けない、愛着障害の子どもが注目されています。ネグレクトされていた子どものなかに愛着障害の症状を示す子がいます。子どもは、承認されないと自分の振る舞い方に自信が持てません。すぐに感情的になり、暴言を浴びせるような親に育てられた子は、自分の感情をコントロールする力が未熟なことがあります。

　振る舞い方を獲得できず、自分の感情をコントロールできない子は、時には発達障害との見極めが難しいことがあります。愛着障害と考え、まずは承認する、受け入れることが必要だと話す専門家もいます。いずれの場合も、関わるなかでうまくいった場合には、「これでいいよ」ということばが有効になってきます。

丁寧に教える

　子どもの記憶力は限られていますが、服を着替える、いつものように準備するなどといった体を通して記憶することはできます。何度も繰り返すことで覚えるのは、「手続き記憶」といわれます。この手続き記憶を使い、子どもは身の回りのことやあそびを獲得していくとされます。

　この手続き記憶ですが、やり方を変えると、なかなか覚えられないことがあるので、同じ手順で繰り返し丁寧に教えていく必要があります。

似た働きを持つ、そのほかのことば
「できたね」「じょうず」「(成功体験を積めるように) もう一回やってみて」「お兄 (姉) さんだね」

5 泣くのはおしまい

なんて言えばいいのかな？

泣くのはおしまいね

気持ちを切りかえる

　感情のコントロールは、人生において一生続く課題だといえます。子どもは幼児期に、感情のコントロール力を身につける時期がやってきます。

　泣いて自己主張する子どもに、「泣くのはおしまい」と大人は言います。2歳台から、そのように伝えます。実際に、泣いて要求されても、何をしてほしいのか、大人はよくわかりません。

　子どもの側からいえば、自分の考えがはっきりしだすと、泣いても思いが通じないことがわかります。泣くよりもことばで表現した方が、自分の思いが実現しやすくなります。泣くことをコントロールできるようになる一方で、自己表現の力が伸びてくることがわかります。

泣くのではなくて「ことば」で伝える

　子どもがことばで表現することの大切さを知れば、その方が便利なことがわかります。また、ことばの方が互いに理解しあえるとも感じます。

　子ども同士でも同じです。泣いて要求しても、わかってもらえず相手にされないことがあります。このことが、子どもを急速に成長させると思います。

怒って話しても伝わらない

　表現が激しいといわれる子どもがいます。よく話を聞くと、「喜怒哀楽」のうちで人と人を結びつける、喜びや楽しみの表現はあまりありません。怒ったり、泣き騒ぐといった表現がほとんどです。これらの表現は、ある程度コントロールされないと、人と人との関係を断ち切る可能性があります。

　ある女子高校生の例ですが、性格はやさしく、気が利くところもありますが、限られた友達しかいません。異性との付き合いもありません。彼女は正直なので、会話のなかで気持ちがストレートに出ることがあります。気に食わない、好きでないという気持ちが、「怒り口調」で表現されます。周りの多くの人たちは、彼女の話し方から怒りを感じ、「怖い」と思うようです。幼児期から感情をコントロールすることを教わってこなかった結果かと思います。周囲の感じ方を伝え、口調を修正するよう話しています。

理由はゆっくりと教える

　要求には、その子なりの理由がありますが、子どもが「なんで」「どうして」と理由を質問しだすのは3歳前後で、理由を話せるようになるのは4、5歳からです。それまでは、理由表現を教える必要があります。

似た働きを持つ、そのほかのことば
「泣いてばかりではわかりません」「ことばで言ってください」「お口で言うよ」「静かに話して」

6 半分の力で

力を調整する

背伸びして自分の靴を靴箱の高い棚に置く、かばんにおもちゃなどを詰め込んで重くして引っ張る、ボールを遠いところに投げようとする、こういった姿を見せだす2歳児。子どもは2歳頃から、背伸びし、力をこめ、思いきり投げながら自分の体の動かし方を学ぶと考えられています。「大きくなりたい」という思いが、その背景にあるともされます。

しかし、「思いきり」「速く」「強く」だけでは自分の体をうまく動かせるようにはなりません。力を調整することで、目的に合った体の動きを作りだせるようになります。「半分の力で」は、物理的な力量を半分にすることではなく、あくまで、全力ではなく力を抜いて動くことを教えます。

自分の体の動かし方を学ぶ

ことばの力は、以下の3つに分けられることがあります。
① コミュニケーションの道具
② 考えるための手段
③ 自分の体の動きを調整する

自分の体の調整はわかりづらいかもしれません。子どもに動作を教える時には、模倣させるだけではなくことばの力を借りるとよいでしょう。例えば、「手はおひざ」と言われると、そのことばを理解して子どもは手をひざに置きます。

走る時に「手を大きく振って」と言われたら、それに従い動作を行います。ボールを投げる時には、「片足を前に出して」「頭の上から投げて」と教えられます。

こういう姿を想像すれば、ことばによって動きが生まれ、調整されていることがわかります。

体の部位のことば

子どもは少しずつ部位名を理解していくので、理解に応じた体の部位のことばを使って動きを教えるとよいでしょう。

（1歳台）触れられる場所：鼻、髪の毛、足、手など
（2歳台）絵に描かれた部位名を指差す：目、鼻、口、手、おなかなど
（3歳台）境目があいまいな部位の名前：ひじ、ひざ、胸など
（5、6歳台）見えない部位：胃、心臓など
内臓の働きを知り、その名前がわかるようになります。

似た働きを持つ、そのほかのことば
「ゆっくりね」「静かに動こう」「力を抜いて」

7 ～したら（今度は）……ね

段取りを考える

　２、３歳の子どもは、自分で段取りを立てるのは苦手です。ただ、毎日やっている支度や着替えなどは、先にも書いた「手続き記憶」を使って２歳前後からできるようになります。

　子どもが順番を理解するためには、「～したら（今度は）……ね」と教える必要があります。順番にやることを教えずに、「～しなさい」と結果だけを求めると、子どもは失敗することもあるでしょう。そうすると、自信をなくしてしまうかもしれません。

　３歳台になると、「順番にやるよ」と言われて、列に並んで待つことができるようになります。このことで徐々に、順番にやるという意識も持てるようになります。

順序を知る

　数唱は、数には順番があることを教えてくれます。この数唱ができないと、数の理解は難しくなります。子どもは、数唱を歌のように覚えていきます。「二つ」がわかる前には、二つの丸を見比べて、「どちらが大きいか」がわかるようになります。この二つを見比べることで、「２個」がわかりだします。

　順序数がわかりだすと、「１番になりたい」という気持ちが強まり、「１番早く部屋に入りたい」などの姿が見られるようになります。

自分で考える

　「お絵描きします。画用紙とクレヨンを用意してください」と言われた時に、「画用紙とクレヨン」の二つを用意できるようになるのは、４歳過ぎとされます。二つのことを短期的にですが覚えなくてはいけません。この記憶のことを、ワーキングメモリ（作動記憶）といいます。

　この例の場合、ワーキングメモリの容量が２個なければなりません。メモリの容量が２個になれば、子どもはものを用意したり、簡単な段取りができるようになります。子どものワーキングメモリを高めるには、準備やお手伝いが有効とされます。

　子どもに対して、「よくわかるようになったな」と感じる時、実はワーキングメモリの容量が増えていることがあります。

似た働きを持つ、そのほかのことば
「初めは～ね、２回目は……ね」「～の次は、……ね」

8 かわいい

「かわいい」という感性

日本で生活している子どもは、独特の感性を持っているように感じます。3歳の女の子が、「かわいいから」と言って、洋服や靴下を選んだりします。「似合う」「女の子らしい」といった判断基準ではありません。

中学生の女の子が、母親に「この服、かわいいよね」と話しかける姿を見たことがあります。年齢差があっても通じるものがあるのでしょう。あくまで、主観的な「かわいい」が重視されます。

「かわいい」は、年齢を超えて共感を呼ぶ判断基準となっているようです。女の子の例をあげましたが、男の子のなかにも、「かわいい」を好む子もいます。

「かわいい」と言われた子は、自分を肯定する気持ちが強まるようです。笑顔に肯定された感じが表れるように思います。

今ではこの日本的な「かわいい」という感性が、ファッションやキャラクターといった形で、日本のポップカルチャー、「かわいい文化」として世界に紹介されるようになりました。

共感が生まれる

「かわいい」がわかると、自然に友達にもなれるようです。自閉的な子が「かわいい」ということばを使えると、ほかの子と共感でき、関わりが生まれてきます。

なかには、不気味でグロテスクに感じるものを「かわいい」と言う子がいます。「かわいい」と感じるものの対象が同じであれば、性別や年齢は関係なく、仲間になれたりするようです。見た目は気持ちが悪いけれど、かわいらしさがあると感じられるものに対し、「キモかわいい」ということばが使われることもあります。「かわいい」にもいろいろなかわいさがあり、多様性を感じます。

園のクラスでは、男女比が1：1でないところがあります。男の子と女の子の比率が3：1のように、男の子が圧倒的に多いと、クラス全体がにぎやかになるようです。クラスの男女比が偏ると、同性同士の関わりが薄くなることが気になる保育者もいるかもしれません。しかし、好きなあそびや「かわいい」の共感体験を通して、友達関係を築いていくことができるように思います。

似た働きを持つ、そのほかのことば
「すてきだね」「お兄（姉）さんみたい」

9 かっこいい

「かっこよくなりたい」という思い

今度小学校にあがる6歳の男の子に、「小学1年生になったら、どんな子になりたい？」と聞くと、ほぼ半数を超える子が「かっこいい1年生になりたい」と答えます。「かっこいい」を使う女の子も増えてきました。最近では、アニメの女性キャラクターの描かれ方も変わってきており、「お姫様」も従来の見た目がきれいなだけでなく、意思を強く持って世の中を変えていくような女性像へと変化が見られています。

かっこよくなりたくなると、自分の気持ちをコントロールする力が高まります。「泣かない」「がんばる」などのことばが聞かれるようになります。かっこいいは、自分を成長させるのに役立つことばです。

「やさしさ」は、他児が「かっこいい」と感じる一つの要素でもあります。

憧れの気持ち

年上の子が踊ったり運動したりする様子を、じっと見つめる年下の子どもの姿があります。子どもが誰かに憧れるのは、4歳くらいからとされますが、2歳くらいの子も見つめたりするので、憧れそのものはもっと幼い頃から芽生えるのかもしれません。憧れの気持ちが、子どもに「ああなりたい」という思いを植えつけるのでしょう。踊りや運動をがんばる姿が見られるようになります。

マイナスに感じたことを乗り越える

カレーを食べる時に、「辛いから食べられない」と言っていた子が変わり、「ちょっと辛いけれど、食べられる」と話すようになります。これが大体4歳くらいからです。辛さに「程度」が出てきます。自分の体と応答して、大丈夫かどうかを判断できるようになります。そして、辛さを乗り越えていきます。乗り越えながら、自分を「かっこいい」と思っているのかもしれません。

子どもが積極的に乗り越えようとしだすのは6、7歳で、おおむね小学生になった頃です。
「暑かったけれど、最後まで歩いた」
「眠かったけれど、宿題をやった」
「辛いけれど、カレーを食べた」
というように、自分でマイナスに感じたことを乗り越えていく姿が見られるようになります。この「自分で乗り越えていく体験」は、とても大切です。周りからも褒められて、自分で達成した感じを持つことでしょう。これが本人の自信につながるように思います。こういう体験を積めるように、大人は関わる必要があります。

似た働きを持つ、そのほかのことば
「お兄（姉）さんだね」「がんばっているね」「やったね」「すごいよ」

10 いや

子どもの「いや」は大事な表現

　子どもは、見た時から「いや」と言うことがあります。初めての時、例えば豆まきで鬼を見た時の怖そうな場面や、周りが怖そうにしている時などに言うことがあります。こういう時には、子どもの不安や恐怖を解消できるよう、「先生がそばにいるよ」「だいじょうぶだよ」などとことばをかけ、取り組めるようにします。それで、乗り越えられたら一つの成功体験となります。

子どもが「いや」と言えるように

　社会性に問題がある子のなかには、「いや」と言えない子がいます。「いや」は、人に自分の気持ちを伝えることばです。人との関わりが薄い子は、相手に「いや」と言えません。ただ、いやなことはいやであるのに変わりはありません。ですから、人から言われてやってみるものの、「いや」だから急に泣いたり騒いだりします。なかにはパニックになる場合もあります。こういう子の姿を見ると、大人は混乱することがありますが、素直に「いや」と言えないことが原因であると受け止めましょう。そして、「いやなの、でもがんばろうね、ちゃんとできるからね」と言って、やり方を教え、励まします。できた時には、強く褒めましょう。

「いや」ばかり言う子

　なお、すぐに「いや」と言う子もいます。何かを忌避するために、拒絶のことば、「いや」「やらない」「しない」などを連発したりします。自分の思いを表現することは大切で、「いや」は重要な思い、意見の表明です。しかし、拒絶のことばばかりを使っていると、大切な体験を積むことができません。その結果、必要なことを学べなかったりします。

　「いや」とすぐ言う子は、成功体験が足りないのかもしれません。そのため、取り組もうという意欲がわきません。こういう場合には、失敗しないように教える必要があるでしょう。

　何事にも慎重で、すぐに取り組めない子もいます。こういう子には焦らず、少しずつ慣れていけるようにする必要があります。

　なお、食事の場面で「いや」と言い、食べない子がいます。なかには野菜を一切食べないなど、極端な偏食を見せる子もいます。偏食が強いまま成長すると、ほかの人と食事をする機会が減ってしまうでしょう。食事の時に、「これは嫌い、いや」と言う人とは、食事を楽しめません。栄養面だけでなくコミュニケーションについても、将来のことを想像しながら、子どもの偏食の改善に取り組みたいものです。

似た働きを持つ、そのほかのことば（子どもが言えるように促す）
「やめて」「やらない」「しない」「いらない」

視点を変えることば

11 いたいの、いたいの　とんでいけ

痛み

　子どもが痛みを訴えている姿を見ると、大人は何かしてあげたくなります。それで「だいじょうぶ」と言いながら体をさすったり、「いたいの、いたいの　とんでいけ」ということばをかけたりします。こういうことばかけや肌に触れることで、子どもは痛みを忘れることがあります。

痛みと共感性

　人間の、視覚、聴覚、味覚、嗅覚などの感覚は、記憶することができます。そして、完全ではないにしろ思い出すことができます。ところが、歯の痛みなど「痛覚」だけは思い出すことができません。エピソードとして記憶しても、視覚や聴覚のようには思い出せません。痛みの記憶は、生きるのに不必要だから思い出せないという説もあります。「痛かった」とことばでは記憶できても、痛みそのものは、音楽や詩のようには再現できないとされます。

　ところが痛覚は、共感を生みだします。ある人に、人が注射を受けている映像を見せます。見ている人は、自分が注射を受けていないのに、「痛そう」と感じます。実際に、脳で痛みを感じる部位が反応することがわかっています。

　この人間の痛みへの共感性が、病気や傷ついた人のために病院などを作った理由ともされます。悩みや苦しみを抱えた人を救うために、宗教が生まれたのも、痛みの共感性からでしょう。

　痛みに敏感なことは、子どもを健康に育てるためには必要なことです。痛みに鈍感であれば、子どもは病気やけがで命を失うかもしれません。育児ではいつも、子どもの痛みに注意を向けていなくてはいけません。

大人は安心を与える存在に

　子どもは、成長するにつれて自分で身を守る術を身につけていきますが、幼い頃は無力な存在です。怖いことがあれば、泣いて窮状を訴えます。大人から守ってもらい、安心感を得たいからです。「だいじょうぶ」のことばかけは、子どもの気持ちを安定させるために役立ちます。

　困った時に、「だいじょうぶ」と言ってくれる人は、自分のことをよく見ていて、心配してくれる人です。子どもは、「だいじょうぶ」と言ってくれる人に守られていると感じ、成長していく過程で、「だいじょうぶ」とことばをかけてくれる人を、いつも必要としています。

似た働きを持つ、そのほかのことば
「もうだいじょうぶだよ」「もう痛くないよね」

12 とんとんね

繰り返しの刺激

子どもを寝かしつける時に、「とんとん」すると、眠りにつきやすくなります。繰り返しのリズミカルな刺激が、音などほかの刺激を消してくれるのかもしれません。そして心地よい気分で眠りにつくのでしょう。

じっとするように促す

とんとんされる時は、子どもは受け身でじっとしています。じっとしていられるのは、相手への信頼もあるからでしょう。

落ち着きのない子どもは、眠りにつきにくいことがあります。布団のなかでもぞもぞと動き回ったりするので、布団に接触します。そうすると触覚刺激が脳を覚醒するので、眠い時に顔をこすったりして、なかなか寝つけないことがあります。

落ち着きのない子どもを入眠させるためには、動き回らないように軽く押さえながら「じっとする」よう促した方が効果的です。

うまく寝つけないという大人も同じようで、横になっても動いてしまう人が多いようです。じっとしていることを意識すると、寝つきがよくなるでしょう。

眠りにつくのは一つのスキル

一生のうちに眠っている時間は、人生の3分の1ほどにもなるとされます。睡眠の目的は、記憶の整理や休止時間など、いろいろな説があります。眠らないと、脳が働かなくなる感覚があります。

眠りにつくのが簡単でない場合、人によって、眠りにつくために様々な工夫をされていることでしょう。眠りにつくのも、一つのスキルだと思います。

一緒に寝る安心感

日本では、子どもを挟んで「川の字」に寝る家が多いでしょう。川の字に寝ると、子どもの病変などに気づきやすくなる利点があります。一方で、早い時期から「個室」で子どもを寝かせるという文化があります。

以前に、アメリカの女子中学生二人を、ホームステイさせたことがあります。6畳一間で荷物の横に、布団を敷いて二人で寝てもらいました。帰国する前日の夕食の時に、二人は初めて他人と一緒の部屋で寝たと話しました。話しながら、泣いてハグしていました。別れるのがつらかったようです。

似た働きを持つ、そのほかのことば
子守歌など

13 お外に行くよ

刺激の変化

　泣いている子どもを泣きやませる時に有効なのは、外の刺激に触れさせることです。外に行けば楽しいことがあるとわかっているので、「お外に行くよ」のことばかけは、子どもの気持ちを切りかえるのにとても有効です。

　全身で、様々な刺激を感じることで、泣いていることを忘れるのかもしれません。

「乳幼児揺さぶられ症候群」と「輸送反応」

　生後数か月の赤ちゃんを強く揺さぶってしまい、脳に病変が生じる状態を「乳幼児揺さぶられ症候群」といいます。この症候群に関するいくつかの事例について、乳児院の先生に話をうかがったことがあります。

　この症候群は集合住宅で起こることが多く、泣く赤ちゃんを泣きやませようとする多くの親は、虐待通報を恐れ、赤ちゃんが泣きやまないので強く揺さぶって脳に障害を与えてしまう、とのことでした。基本的には無知が原因で、育児経験者が「赤ちゃんをそんなに揺さぶったらだめ」と注意していれば起こらなかったと思うとも話されました。

　この乳幼児揺さぶられ症候群については、養育者向けに防止のパンフレット（日本小児科学会）があります。アメリカにも類似のパンフレットがあるそうです。外国でも、育児の孤立化が共通して起こっているようです。

　子ざるは、母ざるのおなかにしがみついて移動します。この時子ざるは、鳴き声を上げず母ざるに従います。移動には危険が伴います。敵から発見されないように、静かにすると考えられています。この姿を「輸送反応」といいます。乳幼児も同じです。抱っこして移動すれば「輸送反応」が起こるので、泣きやむことが多いはずです。泣きやませるには、揺さぶるのではなく移動することが大事です。赤ちゃんの泣きに悩む方に、ぜひとも伝えたいことです。

外が好きな子ども

　子どもは好奇心が旺盛で、多くの子が外であそぶことが大好きです。雨の季節に外に出られず、保育室でつまらなそうにしている姿を見ると、かわいそうに思えます。園庭で走り回る子どもたちは、うれしそうな表情を浮かべます。行動範囲も広くなり、活動的で、子どもらしさを感じます。子どもは外が好きなのだと思います。

　似た働きを持つ、そのほかのことば
　「お散歩しよう」「公園に行こう」

14 歌おうよ

歌おうよ

気持ちの切りかえ

「悲しい」「つらい」といったマイナスの感情にとらわれすぎている状態は、病的とされます。生き生きとしている時は、わくわくする、どきどきする、面白い、楽しいといったプラスの感情が沸き起こってきます。

人の感情は、固体のように変化しない状態は正常ではありません。液体のように柔軟に揺れ動く、つまりは現実の変化に合わせて気持ちが変化するのが健康的とされます。

子どもは、大人よりも気持ちが偏らないようになっています。それはいろいろなものに興味を持ち、心を動かされるからでしょう。好奇心は、子どもの成長にはなくてはならないものです。

例えば悲しみから抜け出せない子どもがいたら、気分転換を図る必要があります。その一つの方法が歌をうたうことです。「歌おうよ」とことばをかけ、楽しい歌をうたっていると、気分が明るく変化するきっかけにもなります。

歌詞の記憶

歌詞は文章などと違い、不思議に記憶に残ります。それはどうしてかといえば、ことばに感情が伴うからだとされます。気持ちのこもったことばは、心に残ります。子どもも同じで、文字は読めなくても歌詞はよく覚えます。

また、歌詞の意味にも共感しているようです。明るく楽しい歌を覚え、それを歌うことで、プラスに気分転換を図れるようにもなるでしょう。

自分の気持ちと人の気持ち

自分の気持ちは見えないし、触ることもできません。抽象的なものです。歌をうたうと、自分の今の気持ちがどういうものかを感じることができます。自分の気持ちを理解するのに役立ちます。

子どもは一体いつ頃から、自分の気持ちを把握し、ことばで表現できるようになるのでしょうか。子どもの生育環境によって違うでしょうが、おおむね5、6歳頃から気持ちをことばで表せるようになるようです。自分の気持ちをことばにして、相手に伝える姿が見られるようになります。

自分の気持ちも相手の気持ちも確実に理解できるわけではありませんが、自分の気持ちを理解し、表現できるようになった後に、ほかの人の気持ちがわかるようになるとされます。体験を通して、理解をさらに深めていくのでしょう。その体験は、一生を通じて行われます。

似た働きを持つ、そのほかのことば
「踊ろう」「運動しよう」「お絵描きしよう」

15 おしまいだね

あきらめる

「あきらめる」のがうまくできない子がいます。ほかの子たちは「仕方がない」と考え、気持ちを切りかえられるのに、それがスムーズにできません。

一つには、感情のコントロール力が弱いことが理由として考えられます。

好きなおもちゃが壊れる、楽しいあそびにも終わりがあるなど、子どもは我慢してあきらめることを学ぶ必要があります。あきらめることによって、新しいことに気づき、再出発ができるようになるともいえます。

2歳台から、泣いたり騒いだりして自分の要求を通してはいけないことを教わり、理解していきます。「泣いていてもわかりません」「泣かないでことばで言いなさい」と言われ、子どもはことばで表現することを学びだします。感情のコントロール力が弱い子は、こういう関わり方をされていない、あるいは体験が少ないのかもしれません。ことばで表現することを伝えていく必要があります。

子どもに、「残念だけど壊れたね」「楽しいよね、でももうおしまいだよ」と終わりを告げます。子どもがこのことばかけで、自分の感情をコントロールし、気分を転換できるようになるのは3歳前後からです。

思い通りにはならない

「物事には終わりがある」ということがわかりにくい子もいます。何事も自分の思い通りになると思っている子です。こういう子には、思い通りにならないという体験も必要です。「おしまいは大人が決める」と言い、終わりを決めるのはだれかを明確に示します。

家族で暮らすために、それぞれの家庭にルールがあるはずです。大人数で暮らす際には、そのルールをはっきりさせなければ、家庭は安定しないでしょう。ところが現在は、核家族や2、3人といった少人数の家庭が多くなっています。そのためか、子どもが思い通りに家庭で振る舞う姿が増えているのかもしれません。

幼児期を過ぎ、学校で学ぶようになると、先生の決めたことにある程度、素直に従わなければ学習は進まないでしょう。思い通りにしたい気持ちが強ければ、学校になじめない可能性があります。思い通りにならないこともあるという体験は、大切なことです。

暗くなるからおしまいだよ

第3章 気持ちの切りかえを促すことば 25

似た働きを持つ、そのほかのことば
「残念だね」「今度ね」「またね」

16 ～かもしれない

その時はどうする？

自分がやりたい役になれないかもしれないね

○か×から、△の世界へ

2歳頃から、子どもは「○」がいいと思い始めます。できるようになりたいという気持ちが強まってきます。「×」はいやだと思い、できない時には、泣いたり騒いだりします。そこで大人は、子どもにわかるように「できるようになるやり方」を教えていきます。

ただ、いつも必ず「○＝できる」わけではありません。また、やりだしてすぐにできるようになることばかりではないことを、体験を通して学びます。

4歳台くらいから、ゲームやかけっこなどで「勝ちたい」「1番がいい」と思うようになります。この時期には、負けると泣いたり騒いだりする姿が見られますが、その騒ぎは一過性のものでもあります。いつも勝てるわけではない、勝てる時もあるというように考えるからでしょう。

この頃から子どもは、「～かもしれない」という見方ができるようになります。欲しいおもちゃを買いに行く時に、あらかじめ「あるかもしれないし、ないかもしれないよ」と話しておくと、なくても我慢できるようになりだします。「○か×か」という二分法ではなく、○でもなければ×でもない、あいまいな△の領域があることを知ります。

現実の日々では、自分の思い通りにならないことが多いものです。例えば、発表会の役決めで、自分のやりたい役になれないこともあります。「思うようになるかもしれないし、そうならないかもしれない」というものの見方は、適応的な見方といえます。

あいまいで柔軟な見方を身につける

一般的な発達では、「～かもしれない」という柔軟な発想ができてきますが、なかにはこの考え方が弱いか、受け入れられないという子がいます。「○か×」という「固い」見方で、学校に行くのは大変です。学校では、子どもはいつも評価され、当然ながら○の評価ばかりではありません。「×＝できない」の評価に耐えられない、疲れ切ってしまう子がいます。追い打ちをかけるように、習い事をいくつもかけ持ちでやっていると、さらに「評価地獄」となります。その結果、不登校になる子がいます。こういう子には、「～かもしれない」という見方を教える必要があります。

「絶対」「全然」という見方も危険です。必ず予定されたようにならないといけない、許せないという見方に通じるからです。「おそらく」「たぶん」ということばを教え、見方を「柔らかく」する必要があります。

● 似た働きを持つ、そのほかのことば
「なるようにしかならない」「できない時もある」「たぶん」「おそらく」

17 約束だよ

「約束」を意識する

おおむね4歳台から、自分のやったことを気にするようになります。園への連絡帳に、家で悪いことをした時には、それを「書かないで」と言ったりします。また、園からのお便りを気にするようにもなります。過去を振り返ることができるようになったのがわかります。

やがて、先のことを考えられるようにもなりだします。それがよくわかるのが、「約束ができるようになる」ことです。「朝ご飯を食べたら、本を見ていいよ」「おもちゃであそんで片づけたら、お風呂に入るよ」といった約束が守れるようになります。また、「長い針が9になったら、着替えるよ」というように、数字がわかりだします。数字が理解されだすと、それまで我慢できるようにもなります。

何かいけないことをした時に注意するよりも、あらかじめ「〜しなくてはいけないよ」「〜してはいけないね」と約束しておく方が有効です。伝えたい内容の後に、「約束だよ」と、「約束」を意識できるようにことばをかけるとよいでしょう。

感情的にしかるよりも、まずは理解できるようにします。約束をもっと重視すると、育児や保育は楽になると思います。子どもは、約束できるようになりだすと、それを守ろうともしだすからです。

人の社会は、たくさんの約束で成り立っています。例えば、何かを買う時にはお金を払う、人のものを勝手に使ってはいけないなど、数限りない約束事があります。子どもは、それらを理解し守らなければ、社会で暮らすことはできません。だからこそ、約束の大切さを理解し、守ることができるのでしょう。

ワーキングメモリ

約束する時には、脳のワーキングメモリを使います。このことが、ワーキングメモリの容量を増やすとされます。ワーキングメモリは、何かについて「あれこれ」と考える時に使われます。メモリの容量が大きければ、コンピューターと同様に、学ぶ時にいろいろな情報を「あれこれ」と利用できます。このことは学習に有利となります。

目標を持つ

約束は「目標を持つ」ことにも似ています。目標が持てるようになることは、幼児期に教えたいことの一つです。目標を持ちながら、自分を高めていく姿勢を身につけられるようにします。

似た働きを持つ、そのほかのことば
「〜を目指そうね」「目標を持とうね」

理解力を高めることば

18 はんぶんこ

公平を求める子ども

2頭のさるを、隣り合わせの檻に入れます。そして、1頭には果物などさるの好物を与えます。もう1頭には、さほど好物ではないものを与えます。そうすると、好物を食べているさるに対して、隣の檻のさるが怒って威嚇します。自分だけ、不平等だと感じているようです。

社会性のある動物が群れで狩りをした後に、獲物を食べる場面があります。群れのなかでの順位があり、それに従って食べる順番があるのでしょう。そして群れで、ある程度「公平」に分けることで、群れを維持します。

子どもは2歳くらいになると「はんぶんこ」がわかるようになります。兄弟姉妹でおせんべいを分ける時も、「はんぶんこ」と言って公平になるようにします。どちらかが明らかに大きかったりすれば、子どもは怒って抗議します。子どもにとっても、群れを作る動物と同じように、「公平」が重要な関心事であることがわかります。それも、2歳台という早い時期から目覚めだします。

「不平等」に対する怒りは根深い

兄弟姉妹の間で、親があきらかに不平等、不公平な扱いをすれば、子どもは早い時期から怒りを持ちます。ただ、親の力が強くて怒りを表せない場合もあります。そうすると、ひいきされていると感じる兄弟姉妹に怒りの矛先が向くこともあるでしょう。

ある女性は、姉妹の間で差別を受けたと言います。例えば、妹の自分は外食に連れて行ってもらえなかったり、プレゼントを忘れられたりしたと話します。平等ではなかったというこの話が、真実かどうかはわかりません。ただ、この女性にとっては、そのような記憶が残っていることが問題です。

「お姉さんと言われたくない」という小学生と話したことがあります。理由は、お姉さんは「弟や妹に対して、我慢しなくてはいけないから。平等でないからいやだ」とのことでした。確かに、年上の子は年上というだけで我慢を強いられることがあります。

ある中学生の兄と小学生の弟は、同じ部屋に入れないと言います。一緒にいるとけんかになるとのことでした。当然ですが、食事も一緒にはできません。どうして犬猿の仲になったのか、親はわからないと言います。それぞれと話してみると、お互い、相手に怒っていることがわかります。二人には親から不平等に扱われたとの思いが、根深くあるようでした。

親が意図的に不公平な扱いをしたわけでなかったとしても、子どもがそう感じてしまうことがあるようです。

似た働きを持つ、そのほかのことば
「同じ」「一緒だよ」

19 楽しいね

「楽しい」記憶

4歳くらいから、子どもに「楽しかったことはありますか」と聞くと、いろいろな思い出を話してくれます。

子どもは楽しいことが好きです。話を聞きながら、「楽しかったね、よかったね」と話します。そうすると、子どもは自分の記憶していたことが楽しい思い出だったのだと認識していきます。

映像記憶が優位な子ども時代

子どもと話していると、海水浴や祖父母の家に行ったことなど、旅行が楽しい記憶になっていることが多いようです。幼児期ではうまく表現できないことが多いのですが、小学校の高学年ともなれば、旅の思い出を話してくれます。

小学生が絵日記を描くのは、おおむね3年生くらいまでで、それ以降はあまり「絵」を描かなくなるようです。幼児期から小学校低学年の子どもは、映像記憶（写真記憶、直観像記憶ともいいます）が優れているとされ、目で見たものをそのまま記憶できます。よくあげられる例が、子どもは「数字や絵を合わせて楽しむカードゲームが強い」というエピソードです。どうして強いかといえば、見たままを覚えられるので、カードの位置を記憶できます。大人になると、見たまま覚えることは苦手となります。

子どもは、映像記憶が優位なので、絵を描くことでその場面にあったことを思い出しやすくなるといわれます。

子どもの話は、まわりくどいことがあります。それは頭のなかに浮かぶ映像をもとに、思い出しているからでしょう。大人のように、思い出の重要な点を整理して、簡潔にことばにすることができないようです。子どもの記憶を引き出すのには、写真や絵が有効です。スマートフォンで撮った映像を使えば、子どもは思い出しやすくなります。

子どものような映像記憶の能力が消えずに、大人になる人もいます。例えば、カメラのない時代に動植物を精緻に描いた博物学者などには、映像記憶に優れた人たちがいました。

映像記憶の強い大人には、ややまわりくどい話をする人がいるようですが、情景などの記憶には驚かされることがあります。

前向きな子ども

楽しい思い出が多く残る子は、「いやなこと」をあまり記憶しないようです。逆にいえば、いやな記憶がたくさんある子は、問題ともいえます。子どもは、楽しい記憶を多く持てるから、前向きになれるのでしょう。

似た働きを持つ、そのほかのことば
「面白いね」「愉快だね」

20 順番ね

順番に
並ぼうね

機会の公平さ

3歳台になると、滑り台で「順番に滑るよ」と言えば、それを理解し守れるようになります。

p.86で、「はんぶんこ」のことばを紹介しました。その際に、子どもは早い時期から「公平」を理解し、不平等な扱いを受けると怒ると述べました。「順番」は、機会の公平さを子どもに与えるといえます。

順番は、おもちゃであそぶ時にも有効です。順番が守れない子には、そのことを教える必要があります。順番にあそべないと、ほかの子たちと仲よくできないかもしれません。大切なことばだといえます。

待てる力と実行機能

順番にあそべない子は、「待つこと」が苦手という場合があります。前にも述べましたが、1歳半くらいから、子どもは「待っててね」「手はおひざ」ということばを理解するようになります。

情動反応は幼く未熟な反応です。感情のままに乱暴したりする行動が徐々に減り、5、6歳頃から「感情をことばで表現する」ことができるようになります。これにはことばの発達が影響しています。ただ、それだけでなく、子どもは「我慢できる」ようにならなくてはいけません。「待つこと」などを通して、「自分を抑制できる」ようにする必要があります。

将来にわたる話ですが、「実行機能」の大切さが指摘されています。実行機能とは、目標となる物事を決め、それを実現できるよう計画して実行し、目標を達成することです。毎日の身の回りのことや、課題を行う際にもこの実行機能が必要となります。この実行機能に不可欠なのが、「自分を抑制できる」ことです。それを身につけ、安定した力にする必要があります。

最近は、どちらかといえば、子どもは自分の思うままに振る舞うことが歓迎されるようです。しかし、現実の子どもたちは落ち着かず、乱暴したりあそびのルールを守れなかったりします。これでは実行機能の力は育ちません。待つことを教え、理解させる必要があります。そうしなければ、学習する時や、大人になってから働く際に、問題が出てくる可能性があります。

似た働きを持つ、そのほかのことば
「一人ずつね」「交代にね」「かわりばんこだよ」「順番を守ろう」

21 〜番目にやって

視覚情報で理解を助ける

子どもは、毎日繰り返しながら、身の回りのことができるようになってきます。この手順を覚えるのは「手続き記憶」の働きです。同じことを繰り返したい「再現欲求」も見られます。

ただ、自分で考えながら順番に沿って一人でやれるようになるのは、順番の概念ができてからのようです。順番がわかりだすと、「何番目」を使いだします。また、「2番目に大きい」「4番目は〜だね」と話すようにもなります。

園では、手順表を書いて子どもたちに示すことが増えてきています。ボードに1番目〜、2番目〜というように絵、写真、文字などがあり、順番が示されています。こうやって、ことばだけではなく視覚的な情報を活用しています。

人間はある程度、メモを取らなくてもことばを覚えられ、ことばだけで理解することができますが、特にその能力が秀でた聴覚優位の脳を持つ人がいます。一方で、目から入る視覚情報優位の脳を持つ人もいます。こういう人は、ことばだけでは理解が十分できず、絵や写真、文字などの手がかりがあるとわかりやすいとされます。

子どもは、ことばの力が十分ではありません。ことばによる耳への刺激だけではなく、目にも刺激が入るようにするとわかりやすくなります。

子どもの優先順位を知る

子どもを見ていて、大人とやるべきことの優先順位が違うと感じます。子どもにとってあそびは優先順位が高く、身の回りのことの順位は低いようです。

家庭でも同じで、優先順位の違いが親子のいさかいの原因になりがちです。子どものやりたい気持ちを理解しながら、やるべき順番を提案することが有効でしょう。この時、「〜番目にやってね」ということばだけではなく、絵や写真、文字などを使って伝えるとわかりやすいです。

自分なりの優先順位は、ある面で個性的なものともいえます。優先順位に、自分らしさが表れます。そのため、自分の優先順位を頭ごなしに否定されると怒ったり、悲しくなったりします。優先順位に敏感な子の場合、話を聞きながら順番を考えた方がよいでしょう。

ほかの子と優先順位が違う場合が日常的にあります。その場合は、子ども同士の話を聞きながら、やるべき順番を調整する必要があります。子どもは、意見の相違を知ることによって、自分と人との考え方の違いを学びます。

似た働きを持つ、そのほかのことば
「〜の前にやって」「〜の後にやろうね」

22 わからないんだね

わかりたい気持ち

子どもはできるようになりたいと思っています。そこで素直に「できない」や「わからない」と言って、ほかの人の助けを求められる子がいます。しかし一方で、素直に助けを求められない子がいます。できないことを過剰に意識し、それをいけないことと感じているのかもしれません。できないことへの自己評価が、過敏のような気がします。

子どもは、学びたがっている存在です。幼児期の子どもを見ていると、運動、身辺自立、文字、数、認知など、その学習量の多さに驚きます。学習は、ある順序をもって進み、大多数の子どもが膨大な量の学習をこなしていきます。

この学習を支えるのは、周りの大人であり、兄弟姉妹や仲間などです。絵本や紙芝居、アニメなども重要な教材です。ただ、幼児期において自学自習は簡単なことではありません。やはり、人に助けを求め、教えてもらった方が合理的に学べるはずです。

大人は「わからないんだね」と声をかけ、「できるようになりたいよね」「『教えて』と言えるといいね」などと話しかけます。そうやって、助けてもらえるように援助していきます。

「困っていること」に気づけるように

子どものなかには、できないことに気づいていない子がいます。折り紙などで、何を作らなくてはいけないかが、イメージできていない場合があります。こういう子の場合は、完成形を見せて元の折る前の紙に戻します。

理解しにくい子の場合は、完成形の見本を見せる、プロセスを写真に撮り、イメージをしやすくするなどの工夫が必要でしょう。

子ども同士で教え合うのも、よい刺激になります。教えるのがとてもじょうずな子がいます。

ある園で、5歳の女の子がダウン症の子にお絵描きを教えていました。その子は、単語か2語文程度で話しかけていました。相手の理解力に合わせた内容となっています。

また、せかさずに、相手の動きを待っていました。ほかの子たちもその子に影響を受けているのか、関わり方がソフトでした。ついこの間まで、自分もできなかったことです。それだからこそ、教え方がうまいのかもしれません。

似た働きを持つ、そのほかのことば
「難しいね」「できないね」

23 じゃんけんしよう

便利な解決法

1～3歳頃、子どもは自分の思いを通そうとします。互いにその思いが強ければけんかになってしまいます。

思いを通そうとして毎回けんかをしていては、あそびはスムーズに進まないことでしょう。あそびを円滑にするために、「順番」がわかってきます。順番にやることで、不公平がなくなります。順番がわかるようになるのは3歳台ですが、この時に一緒にあそぶ人数は2～3人となります。

4歳になると、子どもは「椅子取りゲーム」など集団であそぶようになります。10人、20人といった集団あそびでは、かけっこなどグループで競い合うことも出てきます。何かを決める時に、じゃんけんは便利な決め方となります。

即決できるよさ

じゃんけんは、6歳になると9割の子が理解できるようになるとされます。じゃんけんは、その場で即決でき、みんなが見ている前で、勝敗がすぐにわかります。また、不公正なことはできにくい決め方です。

おもちゃが一つしかなくて、どちらが先に使うかもめているような場合、自分たちで「じゃんけんしよう」と言う場面も見られるようになります。じゃんけんが、子どもの気持ちを切りかえるのに役立ちます。その場ですぐに勝ち負けがわかるのは、きっと子どもの好みにも合っているのでしょう。だから、子どもはじゃんけんで決めることを習得していきます。

じゃんけんの結果に従わないと仲間に入れない

便利なじゃんけんですが、その結果に従わない子がいます。負けたのに、自分の欲求が強くてあきらめられない子や、じゃんけんのルールがよくわかっていない子もいます。

じゃんけんの結果に従わないと、周りの子から「ずるい」と思われます。みんなで理解し、守っているルールです。ルールを守らず、「ずるい」と思われてしまうと、子ども集団に入れなくなる可能性があります。

このような場合、繰り返しやり方やルールを教えていく必要があります。

似た働きを持つ、そのほかのことば
「勝ったら先ね」「負けたら後だよ」

24 多い方に決めよう（多数決）

集団内での決め方

子どもの集団内での決め方ですが、6歳頃から、話し合いをしながら多数決で決めるという姿も見られます。ただし、子どもの数の理解には個人差があります。数の理解が進んでいる子は、多い方の意見は何かがわかります。しかし、数にあまり興味のない子は、多数決という考え方がわからないこともあります。

多数決の決め方がわからないと、自分の意見が通らない場合に納得できず、なかなか話し合いにならないことがあります。しかし、次第に多数決で自分や仲間の気持ちが納得できるようになってきます。

「多数決」ということばが難しい場合は、「手をあげて、多い方に決めようか」などと提案するとよいでしょう。5歳児クラスなら、子どもたちからこのことばが出てくることもあります。

重要な決め方

幼児期に多数決を体験しておくと、小学校に行った時、多様な年齢の子ども集団に入った時に役立ちます。また、様々な子どもの意見を知るために、多数決で何かを決めるのはよい機会となります。

他者視点の獲得

子どもの発達では、「自己中心性からの脱却」は重要なテーマとなっています。国語のテストでは、低学年の頃は「〜はその時どう思ったでしょう」といった設問が多数あります。これは他者視点の獲得のためであり、それが自己中心性を脱却させてくれます。

自分の気持ちがわかるようになってから、人の気持ちがわかるようになるとされます。他者視点の獲得は、人の気持ちを理解できるようになるための、重要なテーマとなります。

少数意見の尊重

多数決は、物事を決める際に重要な働きをしますが、必ずしも多数意見が適切とは限らないこともあります。勢いで決めたりすれば、間違った結果になることもあります。

過ちを防ぐために、子どもには、少数意見を尊重する大切さも教えていく必要があります。

似た働きを持つ、そのほかのことば
「みんなで決めよう」「少ない方の人の話も聞こう」

25 教えて

人に教わる方法

　人に「教えて」と言うのが苦手な子がいます。「教えて」と言った後に、「何をどうしたいのか」説明するのが苦手なのかもしれません。だから、「教えて」と言うことに抵抗があります。

　幼児期の子どもは、物事をうまく説明できません。ボキャブラリーの問題もあるでしょう。それから、相手にわかってもらうためには、どう話せばよいのかがわからないようです。

　小学生になれば、学校でテストの体験を積みます。そのなかで、質問の内容や答え方を学びます。

人に頼るのが苦手な傾向

　「教えてください」と言うのは、大人でも難しいようです。保護者の方々から、質問されることが少なくなっていると感じます。相手のわからないことを類推しながら、「何かわからないことはありませんか」とこちらから質問することが必要となっています。大学生も同様に、質問することが減っていると感じます。あるいは人に頼らなくても、ネットなどで調べられると思っているのかもしれません。ただ、ネットの意見は個人的なものや、情報源が定かでないものもあり、適切な考え方が得られるかといえば、必ずしもそうではありません。

　人から教わる方法を幼い頃に学んでいれば、生きる力は伸びるでしょう。保育者は子どもとの関わりのなかで、子どもが自分から「教えて」と言えるように伝えていきましょう。

確かなやり方

　人から教わることは、自分一人で試行錯誤するよりも、早く適切な答えややり方を手に入れられるでしょう。直接教えてもらうことで、その情報が、その人が獲得した知識なり技術なのか、ただの思い込みなのかがわかるでしょうし、わからなければさらにほかの人に聞くなど、人とコミュニケーションを取ることで、より確かな内容になるはずです。

感謝する

　人から教わった時には、感謝の気持ちが生まれます。子どもが、「ありがとうございます」という感謝の気持ちとことばを身につけられるようにしたいものです。

　「ありがとうございます」と素直に言えることは、子どもの人生を豊かなものにするはずです。

似た働きを持つ、そのほかのことば（子どもが言えるように促す）
「やり方はどうするの」「どうやったらできますか」「こうやればいいの」

おわりに

多様な子どもたちと
関わるようになったきっかけ

　子どもたちと関わるようになってから、40年余となります。当時は、知的障害や自閉症と診断されると、幼稚園や保育園には通えませんでした。そのために、保健所で親子の会を開いたり、自主保育グループができました。大学で心理学を学んでいて、たまたま先輩から「手伝って」と言われました。それで手伝うようになりました。それが関わりのきっかけです。

　心理学を学んでいたとはいえ、障害のある子についてわかっていることは多くはありませんでした。自閉症への指導が、始まったばかりという時代です。

　大学の授業で、知能検査を学びました。実際に、知能検査を行い、教授に結果を見せ、子どもの指導についてアドバイスを求めました。しかし、教授は「わからない」と答えました。「知能検査」は、本当に人の知能をはかっているのかと疑問を持ちました。

　初めて担当した自閉症の子は、3歳3か月でした。「なぜ、コミュニケーションが取れないのか」「どうしてこういう行動を取るのか」など、わからないことだらけでした。それから、自閉症の謎とともに、コミュニケーションの取り方について考えてきました。

　最初は、知的障害がある子がほとんどでした。それが、1990年代の半ば頃から、ADHD（注意欠如・多動症）やアスペルガー症候群、学習障害の子たちと関わるようになりました。2000年前後から、発達障害とはいえないような子たちとの関わりが増加しました。いわゆる「気になる子」といわれる子たちです。

巡回相談を通して見えてきたこと

　自分の仕事の一つに、「保育園での巡回相談」があります。週に一度、子どもの発達診断や相談を行ってきました。そこで園長先生やベテランの保育士の方々から、子どもの成長についての見方を教えてもらいました。その体験から得たものが本書にはちりばめられています。

　働いている職場の、初代の理事長は故・臺弘先生（元東大教授・精神科医）でした。子どもが何かを判断する時に、基準があるに違いないと思っていました。そこで、判断基準を『「わがまま」といわれる子どもたち』（鈴木出版）という本にまとめました。

　その本を先生に送ったところ、温かい返信をいただきました。先生は、これからは「認知行動療法」の有効性が認められると、論文にまとめられていました。

　「気になる子」も含めて、子どもたちの問題は適切な認識、判断基準が育っていない、あるいは間違った考えで行動しているのではないかと考えるようになりました。子どもが誤った認識を持たないようにするのは、ことばかけへの配慮が必要と確信するようになりました。

　あわせて、自分の感情をコントロールできる筋道を、子どもの発達から考えるようになりました。知能、社会性、コミュニケーション、そして感情の世界へと進み、本書をまとめました。本書の成立には、学研の猿山智子さんの助力、助言が不可欠でした。心より感謝いたします。

　　　　　　　　　　　　　　　　　　　　　　　　　　　ゆ　くみ　えい　し
　　　　　　　　　　　　　　　　　　　　　　　　　　　湯　汲　英　史

Profile

湯汲英史
Eishi Yukumi

公認心理師・言語聴覚士・精神保健福祉士。早稲田大学第一文学部心理学専攻卒。公益社団法人発達協会王子クリニック リハビリテーション室、同協会常務理事、早稲田大学非常勤講師、練馬区保育園及び西東京市の学童保育巡回相談員などを務める。

『子育てが楽になることばかけ　関わりことば26』『発達促進ドリル』（ともに鈴木出版）、『なぜ伝わらないのか、どうしたら伝わるのか』（大揚社）、『決定権を誤解する子、理由を言えない子』（かもがわ出版）、『0歳〜6歳 子どもの社会性の発達と保育の本』『0歳〜6歳 子どもの発達とレジリエンス保育の本』（ともに学研）など、著書多数。

参考文献

遠藤利彦ほか（編著）『よくわかる情動発達』ミネルヴァ書房　2014年
湯汲英史（著）『0歳〜6歳　子どもの社会性の発達と保育の本』学研　2015年
湯汲英史（著）『0歳〜6歳　子どもの発達とレジリエンス保育の本』学研　2018年
ボーク重子（著）『非認知能力の育て方』小学館　2018年

Staff

●表紙イラスト／まつおかたかこ
●本文イラスト／すがわらけいこ　まつおかたかこ
●デザイン／長谷川由美　千葉匠子
●校閲／麦秋アートセンター